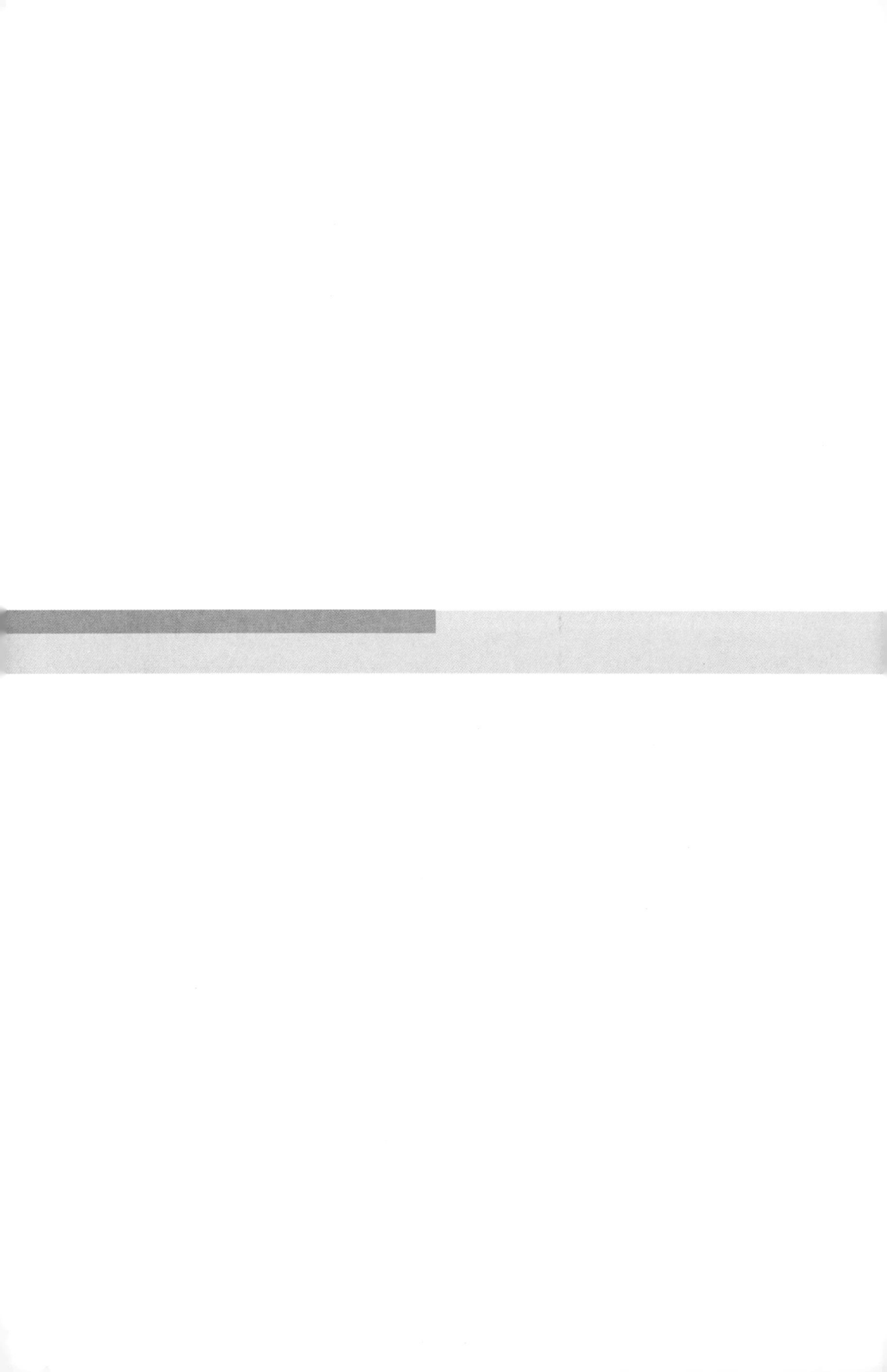

**教育部人文社科青年基金项目资助（12YJC790217）**

# 监管与市场博弈中的投行功能研究
## 侧重于IPO承销功能的实证

许荣 著

经济科学出版社
Economic Science Press

## 图书在版编目（CIP）数据

监管与市场博弈中的投行功能研究：侧重于 IPO 承销功能的实证/许荣著. —北京：经济科学出版社，2013.5

ISBN 978 - 7 - 5141 - 3098 - 0

Ⅰ.①监… Ⅱ.①许… Ⅲ.①证券市场 - 市场监管 - 研究 - 中国 Ⅳ.①F832.51

中国版本图书馆 CIP 数据核字（2013）第 044331 号

责任编辑：李　雪　王　瑛
责任校对：王肖楠
责任印制：邱　天

### 监管与市场博弈中的投行功能研究
——侧重于 IPO 承销功能的实证

许　荣　著

经济科学出版社出版、发行　新华书店经销
社址：北京市海淀区阜成路甲 28 号　邮编：100142
总编部电话：010 - 88191217　发行部电话：010 - 88191537
网址：www.esp.com.cn
电子邮件：esp@esp.com.cn
北京季蜂印刷厂印装
710×1000　16 开　11.75 印张　200000 字
2013 年 5 月第 1 版　2013 年 5 月第 1 次印刷
ISBN 978 - 7 - 5141 - 3098 - 0　定价：36.00 元
（图书出现印装问题，本社负责调换。电话：010 - 88191502）
（版权所有　翻印必究）

# 序

中国人民大学金融与证券研究所自从1997年举办第一届中国资本市场论坛以来，已经连续举办了十七届，每年这个论坛会选取一个对中国资本市场发展至关重要的研究主题，召集中国人民大学财政金融学院、经济学院以及法学院等多位学者专家对该研究主题进行深入探讨，最终形成完整的研究报告，在中国资本市场论坛上正式发布。每年的研究报告都在中国资本市场的理论和实务界产生了较为重要的影响，同时也开启了对中国资本市场若干重大问题的研究争论，例如第八届（2004）中国资本市场论坛对股权分置问题及对策的探讨，第十三届（2009）中国资本市场论坛对全球金融危机对中国经济的影响的讨论，不仅得到了金融监管决策层的关注，同时也引发了理论研究者们的广泛兴趣，这些研究报告也成为近年中国资本市场研究领域引用率最高的文献之一。

本书作者许荣副教授自从攻读我指导的资本市场研究方向的硕士及博士研究生开始直到留校任教，参加了从第三届（1999）中国资本市场论坛开始直至第十七届（2013）中国资本市场论坛的研究和写作。在当今社科研究领域个体户盛行的年代，坚持参加一个庞大而有序的研究队伍，和金融学、经济学及法学等多领域的诸多专家分工协作、共同研讨，每年投入相当的时间和精力研究中国资本市场的重要主题，是需要研究者对理论研究有足够的兴趣，同时又能坚持不懈地勤奋工作。在这个长达十余年的研究过程中，许荣副教授不仅能协同研究，而且也在一些研究主题的基础上，开展了自己独立的探索。《监管与市场博弈中的投行功能研究——侧重于IPO承销功能的实证》一书就是这样一个探索的结晶。

正如作者本人在本书后记中所写的那样，2012年中国资本市场论坛年会研究报告主题是"中国证券公司"，作者承担了其中的一章"中国证券公司功能分析"，在这个实证研究中发现了中国证券公司在主板市场和创业板市场的功能差异。作者在随后的研究中形成了一篇工作论文"信息不对称程度增加是否有助于投行声誉功能发挥？"，该文分别被2012年的"中国青年经济学者论坛（南开大学）"、"中国金融研究论坛（复旦大学）"和"中国金融学年会（浙江工商大学）"接受并参加研讨。本书正是在上述思考和研究的基础上完成的。

从我个人的研究体会看，进入21世纪以来，中国经济快速发展，经济规模迅速膨胀，人均GDP由2000年949美元提高到2012年的6000美元，居民可支配收入也有了相应的提高。随着经济的增长和居民收入水平的提高，中国金融结构正在发生重大变化，金融投资活动日益活跃，金融投资的市场化程度明显提高，人们对金融服务需求呈现出多样性、证券化和组合式的特点，中国资本市场发展处在新的历史转折期和重要机遇期，作为资本市场金融服务的主要提供商，中国证券公司迎来了新的发展期。面对种种历史机遇，什么样的证券公司在激烈竞争中可以发展壮大？什么样的证券公司拥有未来？我认为，要拥有未来，对中国证券公司来说，以下三点至关重要：第一，对中国经济未来发展趋势和特点要有系统分析；第二，对中国金融结构的演变规律和方向要有准确把握；第三，要具有自身独特的核心竞争力。概而言之，在中国，拥有未来的证券公司除了必须对中国经济的未来发展和中国金融结构的变动趋势有清晰的把握外，还应当是资本、人才、制度、视野的综合体。这四大要素的有机结合，就会形成强大的生命力和无与伦比的竞争力。

《监管与市场博弈中的投行功能研究——侧重于IPO承销功能的实证》一书试图建立投资银行金融功能发挥的理论分析框架，在此基础上，运用中国资本市场IPO样本数据，实证分析投资银行金融功能发挥的影响因素及评估股票发行制度改革的效果。概要言之，该书抓住了投资银行重要金融功能之——IPO承销功能，选取了一个符合中国国情的独特视角——严格监管和市场化趋势的博弈视角，运用规范的实证研究方法，最终得出对理论研究和实务操作都具有启发性的研究结论，值得中国资本市场领域的研究者和实践者们一读。

是为序！

吴晓求

2013.4.15

# 目　　录

0. 导言 ........................................................................ 1
   0.1 问题的提出 ............................................................ 1
   0.2 本书分析思路 .......................................................... 9
   0.3 主体内容及研究意义 .................................................. 14

1. 投资银行金融功能概述 .................................................. 17
   1.1 金融功能观的研究视角 ................................................ 17
   1.2 投资银行 IPO 承销功能的理论分析 .................................. 22
   1.3 投资银行实现金融功能的业务模式选择 .............................. 26
   1.4 投资银行组织模式选择 ................................................ 36

2. 监管制度市场化改革影响投行功能的分析框架 ...................... 44
   2.1 监管与市场博弈视角下的投行功能研究——一个分析框架 ...... 45
   2.2 保证金存管制度变迁对投行功能影响——分析框架的
       一个应用 ................................................................ 55
   2.3 金融市场信息不对称对投行 IPO 承销功能的影响分析 .......... 63

3. 监管制度市场化改革影响投行功能的具体机制分析 ................ 77
   3.1 直投业务对投行金融功能影响研究 .................................. 77
   3.2 保荐人制度对投资银行金融功能发挥的影响研究 ................ 82
   3.3 高薪激励、行业竞争与政府隐性担保对投行功能的

· 1 ·

　　　　综合影响——一个博弈论模型 ………………………………… 84

## 4. 严格的 IPO 审核机制是否导致投行金融功能扭曲
　　　——基于中国主板市场 IPO 样本的实证 …………………… 101
　　4.1　政府监管影响投行金融功能的理论分析与实证假说 ………… 101
　　4.2　严格的 IPO 审核监管影响投行金融功能的实证分析 ………… 103
　　4.3　小结 ……………………………………………………………… 109

## 5. 市场化改革是否促进投行金融功能发挥
　　　——基于中国创业板制度实施的实证 ……………………… 110
　　5.1　创业板制度实施与中国投资银行发展 ………………………… 110
　　5.2　投资银行功能演进——侧重于承销商声誉功能的分析 ……… 115
　　5.3　创业板市场设立对投资银行声誉功能影响的实证研究 …… 119

## 6. 市场化改革对投资银行金融功能的影响
　　　——基于承销费率的实证 …………………………………… 153
　　6.1　投行 IPO 承销业务：市场竞争度与费率定价 ………………… 154
　　6.2　中国投资银行战略选择分析 …………………………………… 157
　　6.3　承销保荐费率影响因素与投行战略有效性的实证分析 …… 160
　　6.4　初步结论 ………………………………………………………… 168

**参考文献** ………………………………………………………………… 170
**后记** ……………………………………………………………………… 177

# 0.

# 导　言

## 0.1
### 问题的提出

#### 0.1.1　排队上市与高发行价格、高IPO溢价率之谜——投资银行功能发挥正常吗

尽管中国股市自2007年10月16日达到6 124.04点位后便进入了一个长周期的下降行情，与此同时全球主要资本市场也都陷入美国次贷危机引发的全球金融危机中。然而，和中国经济增长放缓以及二级市场陷入熊市不相一致的是中国的IPO发行市场，一方面表现出高涨的排列上市热情，另一方面IPO发行价格高企，导致高发行价格、高发行市盈率和高超募资金并存的异象。

自2012年2月1日起，中国证监会发行监管部与创业板发行监管部分

别公布了《发行监管部首次公开发行股票审核工作流程及申报企业情况》，以及《创业板发行监管部首次公开发行股票审核工作流程及申报企业情况》，该信息为每周定期公布，对在主板和创业板首次公开发行股票的发行流程、发行进度和企业信息进行了披露。该信息的公开使得我们能够一窥等待上市的企业数量和申报企业的基本状况。其中，申报企业披露的信息包括了申报企业的名称、注册地、所属行业、拟上市地、保荐机构、保荐代表人、会计师事务所、签字会计师、律师事务所、签字律师、备注等信息。从已披露的信息来看，一级市场等待上市的企业数量众多（见表0-1）。

表0-1　　　首次公开发行股票申报企业分市场发行进度统计

| | 落实反馈意见 | 已预披露 | 初审中 | 通过发审会 | 暂缓表决 | 中止审查 | 终止审查 |
|---|---|---|---|---|---|---|---|
| 上交所 | 58 | 21 | 57 | 10 | 1 | 0 | 22 |
| 深交所（主板和中小板） | 151 | 33 | 112 | 32 | 1 | 3 | |
| 深交所（创业板） | 219 | 10 | 14 | 49 | 0 | 20 | 37 |
| 总计 | 428 | 64 | 183 | 91 | 2 | 23 | 59 |

数据来源：根据中国证监会网站数据计算（数据统计截止时间为2012年11月1日）。

截止到2012年11月1日，等待上市的公司数目仍然达到768家（包括处于落实反馈意见、已预披露、初审中，通过发审会和暂缓表决阶段的公司），其中主板市场（包括上交所、深交所主板以及深交所中小板）等待上市的公司为476家，创业板市场等待上市的公司数目为292家。主板市场与创业板市场通过发审会的公司数目分别为42家和49家，但因为公司成长性、独立性以及合规性存在问题而导致中止审查和终止审查的公司数也达到了82家，占同期排队等候上市公司数的10.68%。

为了进一步分析中国股市排队上市和股指表现的背离矛盾，我们对比分析世界主要股票交易所的股指表现与上市公司数目。

根据世界交易所联合会（World Federation of Exchanges）的披露，截止

到2012年10月底，按照市值计算的交易所排名中，纽约泛欧交易所（纽约证券交易集团）和纳斯达克－OMX集团分列前两位，香港联交所排名第6位，中国的上海证券交易所和深圳证券交易所按照市值计算分别排名第7位和第16位。我们选取美国市场（包括美国证券交易所、纽约证券交易所和纳斯达克交易所）与中国香港市场（包括联交所上市的主板和创业板市场）和中国内地的A股市场（沪深A股市场，2009年10月后增加了创业板市场）进行比较。

我们首先通过对比2000年至2011年11年期间的三地一二级市场的表现进行分析，通过IPO融资数量、融资金额与三地主要股指的年化收益率进行说明（见图0－1）。

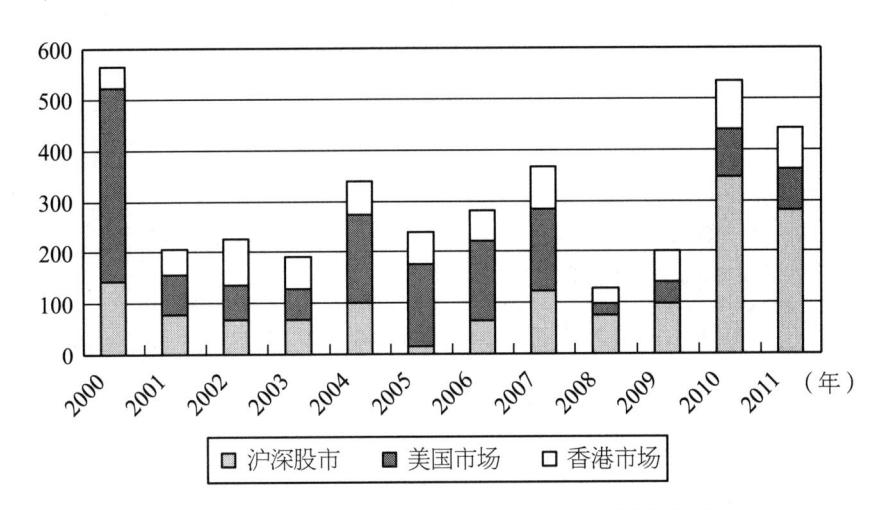

**图0－1 2000～2011年沪深股市、美国市场与中国香港的IPO融资数量对比**

数据来源：美国市场数据来自Professor Jay Ritter网站，香港数据来自锐思数据库并经过作者计算，沪深股市数据来自Wind资讯并经过作者计算。

图0－1展示的一个突出特点是2007年全球金融危机爆发对主要资本市场的IPO发行规模都有负面影响。例如，美国市场在2000～2011年期间共有上市公司1 473家，年均123家。其中，IPO发行融资公司数量最多的一年为2000年，这也是网络股泡沫达到顶峰的时期，该年度进行了IPO的公

司数达到了 380 家，2007 年后 IPO 发行数量则明显减少。香港市场同期共有上市公司 778 家，年均 65 家。香港市场的 IPO 节奏比较稳定，不同年份之间的差别不大。

然而经济增长放缓和股票指数不断下行却并没有减缓中国股票市场 IPO 发行增长的步伐。中国内地市场 2000~2011 年期间共有上市公司 1 462 家，年均 122 家。其中融资公司数量最多的一年是 2010 年，该年度融资公司数为 347 家。

进一步地，我们通过对比 2000~2011 年三地市场的 IPO 融资金额与股指的年化收益进行分析（见图 0-2）。

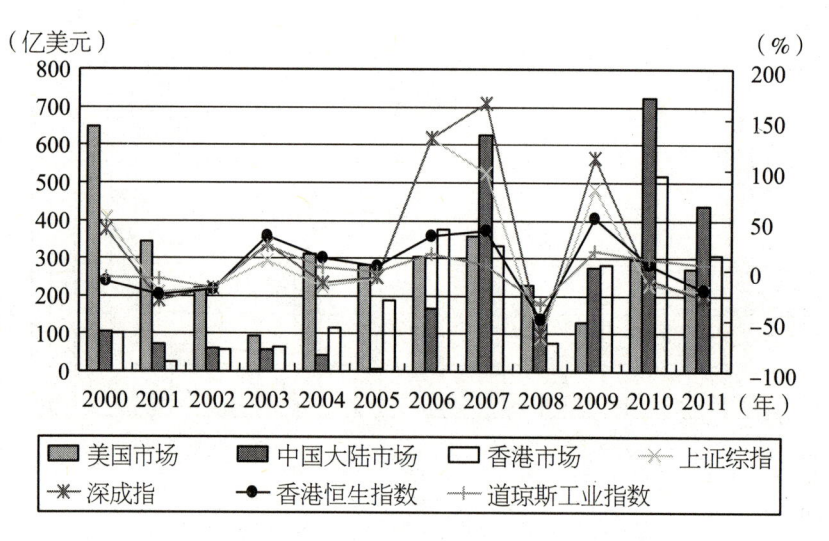

**图 0-2　2000~2011 年沪深股市、美国市场与中国香港的 IPO 融资金额与主要股指年化收益**

数据来源：大陆市场融资金额来自 Wind 资讯并经过作者计算，美国市场数据来自 Professor Jay Ritter 网站，香港数据来自锐思数据库并经过作者计算，股指收益率来自锐思数据库。其中，中国内地市场与中国香港市场的融资金额按照《中国统计年鉴》公布的年度汇率进行了调整。

可以发现，2000~2006 年，美国市场的融资规模要超出中国内地市场和香港市场，但 2007 年以后，中国内地市场的 IPO 融资规模基本保持了第一。由于一二级市场的密切联系，二级市场的表现往往对一级市场的 IPO 发行具有重要的决定作用。但值得注意的是，按照指数的年化收益率进行衡量的二级市场表现，中国内地市场在2010年与2011年的表现非常低迷，上证综指在2010年和2011年的年化收益率分别为-14.31%和-21.68%，深成指的年化收益率为-9.06%和-28.41%。同期香港市场与美国市场的收益率分别为5.32%、-19.97%和11.02%、5.53%。但沪深股市不论是在IPO的融资公司数量还是IPO融资规模上却大幅超过美国市场与中国香港市场。

但如果观察2011年10月至2012年10月中国IPO公司发行市盈率与行业滚动市盈率的关系，主板市场具有可比性的105家公司（剔除没有行业滚动市盈率的公司）发行市盈率平均超过行业滚动市盈率的13.97%，发行市盈率与行业平均滚动市盈率之比最高的公司为2012年3月上市的普邦园林，达到了261.07%。创业板市场同期具有可比性的85家公司（剔除没有行业滚动市盈率的公司）发行市盈率平均超过行业滚动市盈率的22.26%，发行市盈率与行业平均滚动市盈率之比最高的公司为2011年10月上市的和佳股份，为296%。

超募现象的出现，直接表现为上市公司实际募集资金（扣除发行费用后）超过了拟募集资金。我们通过计算2009年10月至2012年10月份市场的月度超募比率（超募比率的计算方式为扣除发行费用的实际募资减去计划募资与计划募资的比例，月度平均采用简单平均法），可以看出超募现象广泛存在于中国资本市场（见图0-3）。

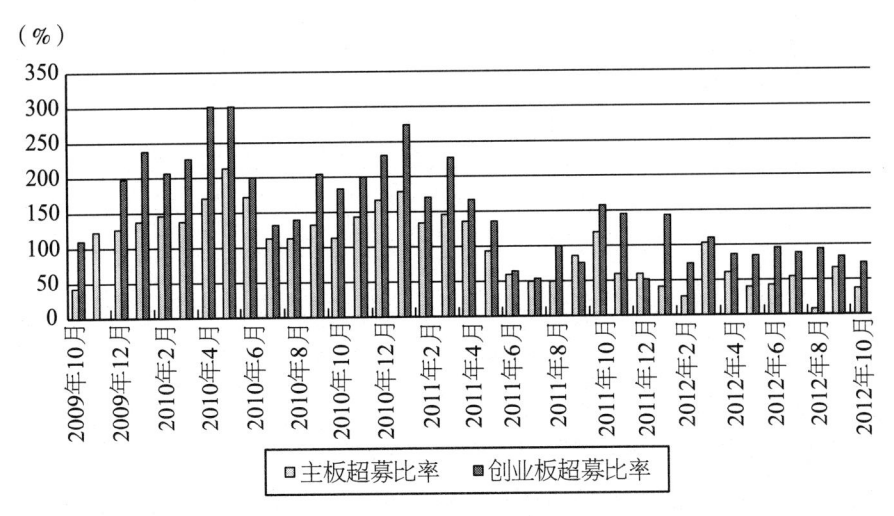

**图0-3　2009年10月至2012年10月的IPO月度超募比率统计**

数据来源：根据Wind资讯数据计算。

尽管从发行市盈率以及超募比率来看，沪深股市的IPO发行价格已经过高，然而中国IPO发行后的首日收益率则更高。里特（Ritter，2003）对比全球主要资本市场的IPO首日收益率后，指出中国资本市场的IPO折价率是全球最高的，对此，我们对2009年10月30日创业板设立以来的创业板IPO新股上市首日收益率以及同期主板市场的IPO新股上市首日收益率进行了计算，按照月度的IPO折价率简单平均得到的结果如图0－4所示。

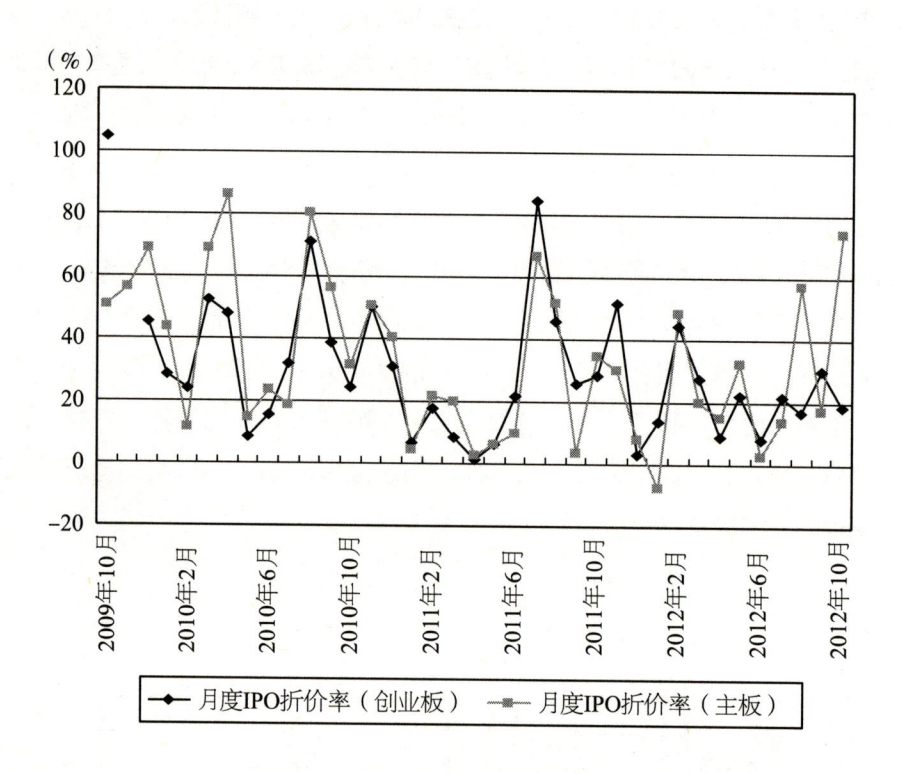

**图0－4　2009年10月至2012年11月份市场月度IPO折价率统计**
数据来源：根据Wind资讯数据计算。

2009年10月至2012年11月主板市场共计有502家公司完成了首次公开发行，其中在上海证券交易所上市的公司为98家，在深圳证券交易所完成上市的公司（含中小板）为404家。剔除市场波动影响后上市首日收益率为正的公司409家，占全部上市公司数目的81.47%。收益率最高的是

2012年11月初上市的浙江世宝，收益率为626.21%。上市首日收益率平均为36.04%，中位数为25.97%。2009年10月至2012年11月创业板市场共有355家公司完成首次公开发行，在剔除市场波动影响后，上市首日收益率为正的公司303家，占全部上市公司的85.35%。其中，收益率最高的为首期上市的28家公司之一的金亚科技，其收益率为208.43%。创业板上市首日收益率平均为34.44%，中位数为25.28%。

投资银行在一个规范的IPO市场中应该发挥的金融功能至少包括：在发行上市前对拟发行公司开展尽职调查，提供发行上市的咨询建议、发行定价和后市监督。然而，中国投资银行为何能够在二级市场长期下跌低迷的行情中仍然吸引如此众多的IPO发行客户？并且，和二级市场行业平均市盈率相比，投资银行为何能为IPO发行客户争取到远远超过市场平均市盈率的发行定价并获得高额的超募资金？更为奇特的是极高的IPO首日溢价率，这显示投资银行在提供IPO发行承销服务时，把较高比率的公司价值转手让给了IPO股份认购的投资者，那么，投资银行提供的IPO定价究竟是过高还是过低？

## 0.1.2 全球范围的投资银行功能失灵

从历史上来看，美国20世纪20年代股票市场的繁荣曾经引发投资银行大量的欺诈行为，并最终发展成为导致1929年股市大崩盘的原因之一。例如，卡罗斯（Carosso，1970）指出，老一代投资银行家如摩根长年累月建立的投行声誉，被1929年股市崩盘及随后报道的一系列投行丑闻毁于一旦。部分研究者认为造成1929年大危机的原因之一是投资银行和商业银行业务的混业经营[1]，导致投资银行对股票发行公司的信息鉴证功能以及股票发行后的监督功能失灵[2]。因而美国立法者于1933年通过了著名的

---

[1] 吉斯特（1998）表明，很多投资银行利用母银行的客户存款来进行股市投机，其中最为著名的破产丑剧是1930年合众国银行的倒闭，在纽约州银行督察关闭这家银行之前，它已经将3亿多美元的储户存款亏损一空。

[2] 吉斯特（1998）书中记载，20世纪30年代美国国会举行的佩科拉听证会（the Pecora hearings）表明，有许多债券和股票是在发行人已经濒临破产边缘，甚至实际上是已经破产的时候上市的。

《格拉斯-斯蒂格尔》法案,要求投资银行必须和商业银行及保险业务分业经营。1934年通过的美国《证券交易法》则授权创建了美国证券交易监管委员会。1938年通过的 Chandler Bill 则干脆禁止投资银行从事公司重组业务,一直到1978年的《破产法案》出台投资银行才得以重返公司重组市场。

在20世纪90年代末网络股、高科技股上市高峰期间,由于新兴的高科技行业很难在短期内被普通投资者理解,IPO市场信息不对称程度急剧上升,此时投资银行利用在承销过程中分配股份的权力为自身谋求利益。路透(Reuter, 2006)提供的一个实证证据是,共同基金因为认购得到高折价的股份而赚取的每1美元,大约有85美分被投资银行以客户交易佣金的形式获取,而作为回报,投资银行把更多的IPO发行股份分配给相关客户。因此,投资银行拥有激励在信息不对称程度上升的时期进一步提高IPO折价率,从而获得更高的私人利益。尼马伦德兰等(Nimalendran et al., 2007)和刘及里特(Liu & Ritter, 2010)进一步提供了投资银行和投资客户之间利益分配的实证证据。尼马伦德兰(Nimalendran et al., 2007)发现,在IPO股份分配之后的6天内,投资客户通过更多交易高流动性的股票向投资银行输送客户交易佣金,以此换取投资银行给予的IPO股份分配,这一实证结果在网络股泡沫期间是显著的。刘和里特(2010)对1996至2000年的美国市场56个IPO样本研究发现,投资银行分配IPO股份给予其他公司高管将会导致这些公司更高的IPO折价率,而得到股份分配的公司高管将促使该公司更有可能在未来购买这一投资银行的服务。戈尔茨坦等(Goldstein et al., 2011)对美国市场1999至2005年的投资银行通过IPO股份分配获得的投资者转移收益进行了初步估算,发现投资银行大约获得的IPO折价收益的45%,因此代理问题使投资银行拥有激励进一步提高发行公司IPO折价率,通过损害发行客户的利益增加了投资银行自身的收入。

在2007年由美国次贷危机引发的席卷全球的金融危机中,以美国五大投资银行为代表的全球顶级投资银行均遭受重创,尽管对投资银行在此次金融危机中所起的作用尚未彻底明确,但是研究者大都认为投资银行信息鉴证和监督的金融功能遭到扭曲是金融危机爆发的重要原因之一。第一，投资银行对于和次贷相关的结构性金融产品的承销并未尽到应有的尽职调查，这造成了大量"有毒"金融产品未经过合格鉴证流向市场。第二，投资银行旗下的对冲基金及自营交易对于相关结构性金融产品的投资杠杆过高，一方面进一步推高了相关金融产品的市场交易价格，形成泡沫，另一方面也使投资银行自身累积了巨大的金融风险。第三，造成投资银行功能扭曲的原因之一可能是错误的激励机制。自20世纪90年代以来，投行精英为了股权激励，彻底抛弃了华尔街创业投行"同志加兄弟"般的合伙人制度；而上市后的投行股权极为分散，没有强有力的股东能对管理层进行约束。股权的过分分散直接导致了股东对公司控制力和决策权的下降，而公司内部人员持股上升则削弱了传统的委托代理所产生的制衡作用，无限的风险责任被有限的风险约束取代，但是，巨大的激励机制却没有改变。研究机构 Equilar 的报告显示，从1993年到2007年，雷曼兄弟首席执行官里查·福尔德（Richard Flud）共计获得4.66亿美元的收入。这个数字包括了底薪、分红和长期股权激励、股票行权价值和其他收益。其他股权收益部分占了整个收入数字的78%。于是，失衡的激励风险制度进一步导致了公司经营活动的短视性，使投资银行将巨大的市场风险内生化。另一方面，更复杂的金融产品和过长的销售链条造成了包括投资银行在内的其他金融机构间的信息不对称问题，机构间的收益风险不匹配催生了失衡的外部制度，可以被认为是此次金融危机产生和蔓延的原因之一。

## 0.2 本书分析思路

### 0.2.1 金融功能观视角的投资银行功能研究

金融功能观是由博迪和默顿于20世纪90年代开始发表的一系列论文及

教材提出的对金融机构及金融市场的新的分析框架。博迪和默顿等（2009）提出，分析不同经济体、不同时期的金融机构应该采用的分析框架更应集中于功能视角，而不是机构视角。原因在于：第一，金融功能比金融机构更为稳定，即金融功能随时间和经济体的变动较少；第二，金融机构的形式以功能为指导，即机构之间的创新和竞争将导致金融体系功能效率的提升。博迪和默顿等（2009）把金融机构基本核心的功能概括为六项：即在时间和空间上转移资源；提供分散、转移和管理风险的途径；提供清算和结算的途径以完结商品、服务和各种资产的交易；提供集中资本和股份分割的机制；提供价格信息；提供解决激励问题的方法。

运用金融功能观视角分析资本市场中占据重要地位的投资银行，同时结合莫里森和威廉（Morrison & Wilhelm，2007）对投资银行制度的历史分析，我们在本书深入研究投资银行的四大核心经济功能：为证券发行承销提供金融服务；资产证券化；为存量资源实施并购重组；财富管理，尤其着重从金融功能观的视角分析投资银行为股票IPO发行所提供的信息鉴证功能、发行定价功能、发行后的持续监督功能，以及一系列和股票IPO发行相关的金融服务如分析师报告、股票发行后市支持等。

## 0.2.2 转轨经济监管制度改革对投资银行功能影响的视角

从形式上来看，中国投资银行的主要业务和发达经济体的投资银行业务基本类似，例如股票发行承销业务、证券交易的经纪服务、股票自营业务、财富管理业务以及收购兼并等财务顾问业务。然而，中国投资银行金融功能的发挥有可能极大地差别于发达经济体的投资银行，原因在于中国投资银行面临的监管制度和金融市场与发达经济体投资银行的经营环境相去甚远。正如美国证券法学界的泰斗科菲教授在其《看门人机制：市场中介与公司治理》一书的中文版序言中所说："欧美的金融市场是在政府监管体系发展之前就已经高度发达了，政府监管在历史上晚于金融市场本身。在金融市场还没有被政府监管之时，市场上的各种看门人职业就应运而生，发挥了保护投资者的重要功能。从这个意义上来讲，看门人是市场机制对于投资者保护问题的解决方案。在今天的中国，情况并非如此。从一开始，中国对于金融市场的政府监管就牢固地建立起来了。不过，虽然监管者可以提供相关信息，但他们并不会为投资者解释这些信息，因此，政府的监管者还是不能完全替代市场的看门人。"

因此，我们基于施莱费尔（Shleifer，2005）对监管理论的一般分析框架，并考虑转轨经济体的监管制度市场化改革进程（Djankov et al.，2003），建立了股票发行监管制度市场化改革对投资银行金融功能影响的分析框架。在从中国股票市场建立之初到2001年年初的股票发行审批制阶段，额度管理和指标管理意味着拟发行公司主要是通过地方政府争取到发行额度或发行指标，投资银行在股票发行前的遴选功能无从发挥。而伴随着股票发行审批制度，股票发行定价制度也是由监管机制严格控制市盈率或发行价格为主，因此投资银行的发行定价功能也无从实现。随着中国股票发行监管制度的市场化改革，尽管仍然实行股票发行的实质性审核制度，但是拟发行公司遴选的部分功能由投资银行承担，同时自2004年年底开始，股票发行定价制度开始改为询价制，实际上类似于发达市场股票发行中广泛采用的累计投票询价制度，投资银行对市场信息进行收集、分析和发行定价的功能有可能得到充分发挥。但是，另一方面，随着股票发行监管制度的市场化改革，市场无序成本也有可能增加，投资银行有可能从自身利益出发，推高股票发行价格，同时和参与询价的机构投资者形成共谋，进一步推高股票二级市场交易价格，导致股票发行市场的高发行价格、高超募资金，以及高的IPO折价率同时并存。

## 0.2.3 理论假说与实证检验

根据上面两节金融功能观视角和监管制度变革视角的分析框架，我们提出两个有待实证检验的理论假说：

理论假说1：中国资本市场当前存在投资银行功能失灵，原因是股票发行监管制度中的IPO实质性审核造成投资银行功能扭曲。投资银行有可能只追寻更有可能获得证监会发审委审核通过而不一定是对投资者最有价值的拟发行公司，或者投资银行把主要精力放在协助拟发行公司获得证监会发审委审核通过上而不是放在尽职调查、信息鉴证、发行定价以及上市后的持续监督上。

理论假说2：中国当前存在投资银行功能失灵，是由于股票发行监管制度改革后投资银行市场权力过大同时难以承担对应责任造成市场机制失灵。以投资银行的直投制度和股票IPO承销中的保荐人制度为例，这两个制度给予投资银行直接进行私募股权投资和股票承销保荐的许可，但是投资银行却有可能对于自身承销保荐的拟发行公司以低价入股获取超额收益，也有可能行使了承销保荐的权力却没有承担相应的保荐责任。

针对上述两个理论假说，我们设计了三个实证检验进行验证。

实证检验1：利用通过与没有通过证监会发行审核的公司样本开展Probit回归检验，我们以通过或没有通过的虚拟变量为被解释变量，以拟发行公司特征及对应的主承销商兼保荐人的投资银行特征为解释变量，研究投资银行声誉变量以及衡量拟发行公司价值的变量是否有助于通过证监会发审委的审核。

实证检验2：利用创业板市场设立这一自然实验对信息不对称程度变动的外生冲击开展实证检验。利用中国创业板制度实施导致创业板和主板IPO市场的信息不对称程度差异，实现对IPO市场信息不对称程度变化的有效计量识别，利用同时为创业板及主板市场提供承销服务的投资银行承销的618个IPO样本开展实证研究。如果投资银行声誉功能在信息不对称程度更高的创业板市场发挥显著，则表明监管制度的市场化改革以及金融市场发展有助于投资银行功能发挥。

实证检验3：研究投资银行采取何种战略有助于其在发行承销中获得高费率。我们将以投资银行收取的IPO承销保荐费率为被解释变量，实证研究影响投资银行IPO承销保荐费率高低的主要因素是否是投资银行提高其声誉功能的主要战略。

我们把本书的主体分析思路框架用图0-5表示。

## 0. 导 言

**问题的提出**
- 现象观察1：中国股票发行市场的排队上市，火暴的一级市场与萧条的二级市场形成强烈对比，高发行价格与高IPO溢价率并存，投资银行在其中承担了何种金融功能
- 现象观察2：全球范围不同阶段的投资银行功能失灵，1929年是大危机阶段，20世纪90年代是网络股泡沫阶段，2007年是全球金融危机阶段

**分析思路**
- 金融功能观视角的投资银行功能研究——IPO承销功能 → 发行前的信息鉴证，承销中的发行定价，发行后的持续监督
- 监管制度改革对投资银行股票IPO承销功能影响研究 → 有可能降低行政干预成本，也有可能增加市场无序成本

**理论假说**
- 理论假说1：中国当前存在投资银行功能失灵，原因是股票发行监管制度中严格的IPO实质性审核造成投资银行功能扭曲
- 理论假说2：中国当前存在投资银行功能失灵，是由于股票发行监管制度改革后投资银行市场权力过大同时难以承担对应责任造成市场机制失灵

**实证检验**
- 实证检验1：股票发行监管制度中的实质性审核是否造成投资银行功能扭曲 → 研究方法：利用通过与没有通过证监会发行审核的公司样本开展Probit回归检验
- 实证检验2：股票发行监管制度的市场化改革是否有助于投资银行信息鉴证功能发挥 → 研究方法：利用创业板市场设立这一自然实验对信息不对称程度变动的外生冲击开展实证检验
- 实证检验3：中国投资银行IPO承销费率影响因素分析 → 研究方法：研究投资银行实施何种战略获得较高发行承销费率

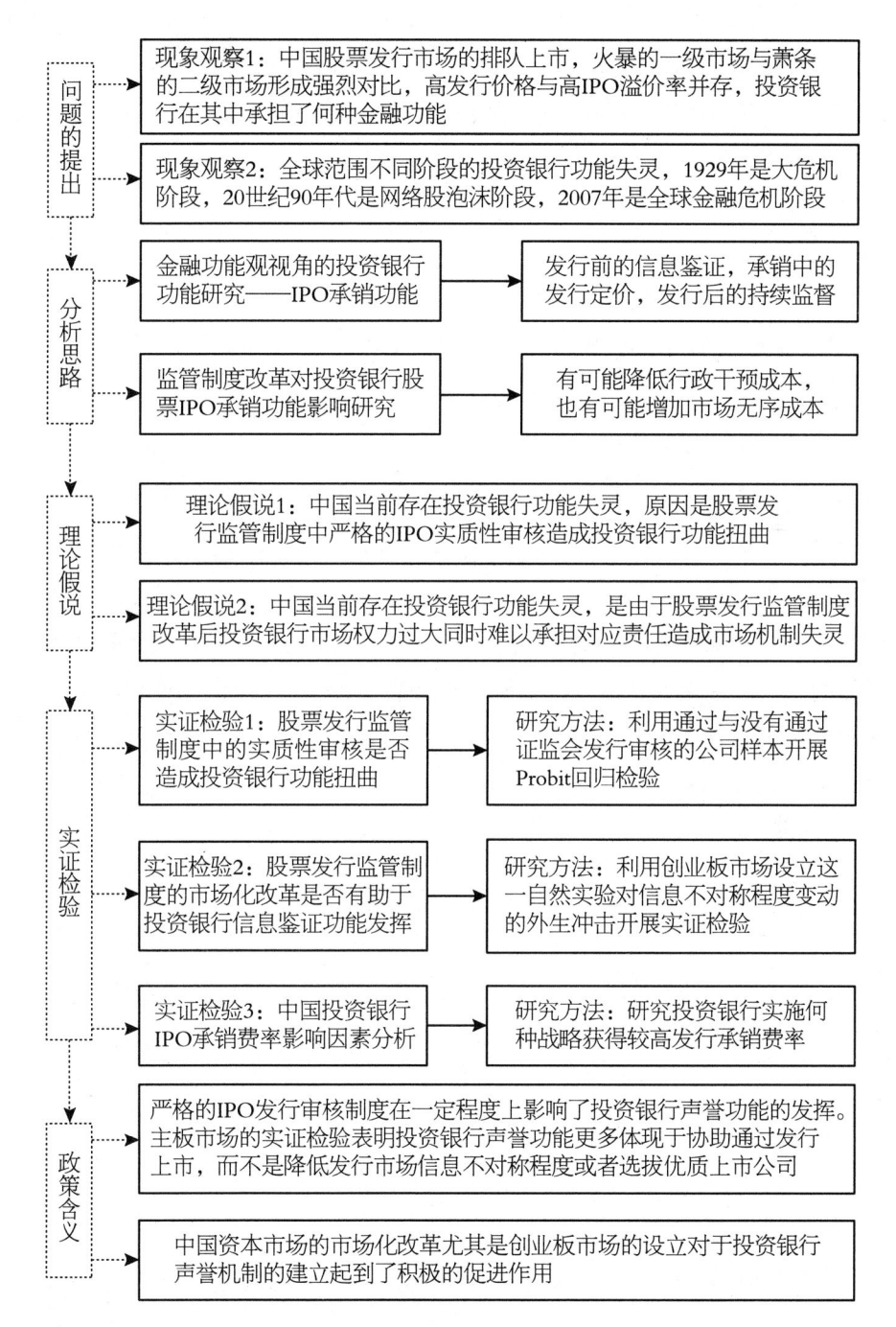

**政策含义**
- 严格的IPO发行审核制度在一定程度上影响了投资银行声誉功能的发挥。主板市场的实证检验表明投资银行声誉功能更多体现于协助通过发行上市，而不是降低发行市场信息不对称程度或者选拔优质上市公司
- 中国资本市场的市场化改革尤其是创业板市场的设立对于投资银行声誉机制的建立起到了积极的促进作用

图0-5 本书的分析思路框架

## 0.3
## 主体内容及研究意义

### 0.3.1 主体内容简介

本书第1章重点探讨金融功能视角下的投资银行IPO承销的金融功能以及投资银行为发挥其金融功能而采取的业务模式和组织结构。第2章结合施莱费尔（2005）对监管理论的一般分析框架，并考虑转轨经济体的监管制度市场化改革进程（Djankov et al., 2003），建立了股票发行监管制度市场化改革对投资银行金融功能影响的分析框架，并运用中国投资银行客户保证金制度改革的分析提供了一个案例研究。第3章在上一章讨论了监管制度市场化改革对投资银行金融功能影响的理论框架基础上，进一步探讨监管制度市场化改革影响投行功能的具体机制。第4章实证检验了在中国严格的IPO审核制度下，投资银行的声誉功能是否更多地表现为协助拟上市公司的IPO通过发行审核，并且这种表现是促进还是妨碍了投资银行市场功能的发挥。第5章借助中国创业板制度实施的自然实验，实证检验了中国资本市场的市场化制度改革是否有助于投资银行金融功能的发挥。第6章系统研究了当前中国资本市场的投资银行战略对其IPO承销保荐费率的影响。

### 0.3.2 研究意义简介

（1）理论研究意义。

理论研究中对商业银行金融功能研究较为丰富，而对投资银行金融功能研究相对不足。随着2007年美国金融危机的爆发，投资银行金融功能正常发挥的条件及其功能失灵问题受到研究者们的广泛关注（Gorton, 2009）。

不同于一般商品市场和其他要素市场中供需双方大都直接开展交易，金融市场的一个典型特征是绝大多数交易都是资金供求双方通过金融中介机构完成的（Mishkin，2012）。金融机构在金融市场中的核心金融功能是什么？这些金融功能顺利发挥必须具备的条件和存在的限制有哪些？对这些问题的探讨自20世纪70年代以来已经发展成为金融机构和金融市场研究的主流文献（Grossman & Stiglitz，1976；Leland & Pyle，1977）。早期文献更多地关注商业银行的金融功能研究，而对投资银行金融功能的研究相对较少。作为资本市场上最重要的金融中介，投资银行在经济金融体系中发挥着独特的四大核心功能：为证券发行承销提供金融服务；资产证券化；为存量资源实施并购重组；财富管理。随着2007年美国金融危机的爆发，投资银行的金融功能及其在金融危机中的功能失灵问题再次受到研究者们的广泛关注（Gorton，2009）。不同于相对较为成熟的对商业银行金融功能探讨的丰富文献［参见Freixas & Rochet（2008）的经典教材］，投资银行金融功能的研究在21世纪之前的文献中相对没有受到足够的重视。因此，从理论研究的角度迫切需要对投资银行金融功能正常发挥的条件及其功能失灵问题开展深入探讨。

（2）实践指导意义。

实践指导意义首先源自于投资银行在金融体系中的重要地位。

投资银行（欧美称之为投资银行，日本和中国称之为证券公司，由于金融理论分析中的金融中介机构一般分为商业银行和投资银行等其他金融机构，因此本书统称投资银行，与证券公司、投行、券商等具有同一含义）有着悠久的历史，从资本主义早期为贸易提供票据便利的商人银行，逐渐发展到参与政府债券、企业债券和股票承销业务的现代投资银行雏形，再到如今广泛涉足金融市场各个领域的金融巨头，整个投资银行的发展就是一部综合反映经济、科技与社会变迁的生动画卷，如今，投资银行已经不再局限于传统的证券承销以及为企业提供兼并收购与资产剥离等方面的财务咨询服务，在实现组织结构由合伙制到股份公司制的转型，解决制约自身发展的资本金问题后，投资银行已经在自营业务和交易、资产管理领域取得了新的突破，并成为金融衍生产品和结构化金融产品领域的重要创新力量，在金融市场的方方面面展现雄厚的实力。虽然2008年次贷危机的爆发以贝尔斯登和雷曼兄弟的倒闭、摩根斯坦利和高盛的转型而告终，但大型独立投行模式的消失并不意味着投资银行使命的终结，而只是存在形式的转变。投资银行仍然在全球资本市场的资金融通与信息传递方面扮演着举足轻重的角色。

实践指导意义的第二方面源自于对当前股票发行监管制度改革政策评价的重要性。

中国资本市场建立之初就处于极其严格的监管之下，尤其是股票发行与上市的严格审核。然而，伴随着近年来股票发行上市制度的改革、投资银行保荐人制度的建立、股票发行中累计投标询价制度的实施以及创业板市场的推出，系统研究严格监管和市场化改革博弈下的投资银行金融功能特点对我国资本市场的政策制定及效果评估具有重要的参考价值。

# 1.

# 投资银行金融功能概述

## 1.1 金融功能观的研究视角

### 1.1.1 金融功能观的主要内容

金融功能观是由博迪和默顿于20世纪90年代开始发表的一系列论文及教材中提出的对金融机构及金融市场的新的分析框架。在博迪和默顿等著的经典金融教科书《金融学》[博迪和默顿（2009）]中，他们提出，分析不同经济体、不同时期的金融机构应该采用的分析框架更应集中于功能视角，而不是机构视角。原因在于：第一，金融功能比金融机构更为稳定，即金融功能随时间和经济体的变动较少；第二，金融机构的形式以功能为指导，即机构之间的创新和竞争将导致金融体系功能效率的提升。博迪和默顿等（2009）把金融机构基本核心的功能概括为六项，即在时间和空间上转移资源；提供分散、转移和管理风险的途径；提供清算和结算的途径以完结商品、服务和各种资产的交易；提供集中资本和股份分割的机制；提供价格信息；提供解决激励问题的方法。

第一，在时间和空间上转移资源。

金融体系为时间上经济资源的跨期转移提供方便。一方面，经济资源拥有者为了取得未来收益而放弃现在消费；另一方面需求者现在资源短缺，渴望得到经济资源，以便扩大生产。金融体系满足了双方对于经济资源跨期配置的需求，提升社会总体效率。金融体系为空间上经济资源的跨国和跨行业转移提供了便利。有时候，经济资源远离其利用效率最大化的国家、地区和行业，金融体系通过股票、债券和贷款的形式，实现经济资源的空间转移，最大化经济资源的使用效率。金融体系为资源时空同时转移提供了条件。经济状况越复杂，金融体系在跨期转移资源过程中的地位就越重要。金融体系转移资源的功能，推动经济资源从低收益率的生产单位流向高收益率的生产单位，提高生产效率和收益。投资者跨期，跨国转移经济资源之后，在一定时间内丧失了对本金的使用权。但是在特殊情况下，投资者可能急需拿回本金。此时，金融体系为投资者提供流动性，保证投资者所需。这样，富有流动性的金融体系提升了投资者跨期跨区转移资源的热情，进一步促进社会效率的提高。

第二，管理风险。

风险是由于未来存在不确定性而导致损失的可能性。金融体系不仅具有重新配置资源的功能，而且可以重新配置风险。保险公司就是专门从事风险转移的金融中介。它们从希望降低风险的客户那里收取保费，同时将风险转移给为了换取某种回报而愿意偿付索赔，承担风险的投资者。另外，金融体系中拥有多元化投资工具，为投资者分散投资风险提供便利。资金与风险经常捆绑在一起转移，投资者投入资金的同时也承担风险，在收益确实拿到之前，风险始终存在。但有时候，资金与风险并不同时存在，这得益于金融体系的风险转移功能。许多金融合同，例如：担保，保险，期货，期权和衍生工具，都可以在不转移资金的情况下转移风险。

第三，清算与结算支付。

金融体系具有清算、结算的功能，这为商品、服务和资产交换提供了便利。原始的物物交易，易货交易，方式直接但是效率很低。在不同国家、地区以及同一地区人们的交换过程中，金融体系提供了双方都可以接受的有效支付的途径。居民和企业无需在购买过程中浪费时间和资源。纸币对黄金的替代提高了支付效率，支票、信用卡、电子汇款进一步提高效率。

第四，归集资源并细分股份。

金融体系具有归集和细分的功能。相对于企业运作的资本需要量，个人投资者的资金通常是不够的，这时金融体系可以发挥归集资源的作用，聚集众多投资者的资金，集中投向企业，满足企业生产所需。股票市场为企业股份的细分和流通提供了场所。在不影响企业实际生产过程的同时，为投资者提供投资机会并分享企业收益。另外，股份细分降低投资门槛，为投资者提供新的投资机会和途径。

第五，提供信息。

信息不完全、不对称，会很大程度地影响经济体判断投资项目收益以及储蓄投资转化的规模和效率。经济社会中充满不确定性，获得信息对经济主体而言是有益的，有助于减少风险。在信息不完全的情况下，很难搜寻信息以及保证信号的准确，而在信息不对称的情况下，激励问题普遍存在，这些因素都会影响储蓄投资的转化。在金融体系中，投资者广泛参与金融交易，促进价格发现。另外，市场中的公允价格为不同经济部门决策提供了信息，有助于决策者把握市场方向。每一种新金融工具的出现都会从一个新的侧面提供信息，供决策者使用。

第六，解决激励问题。

在生产经营中，激励问题广泛存在。激励问题的产生，源于信息不对称，以及所有权和决策权的分离。金融体系为解决激励问题提供了有效的途径，促进社会生产效率的提高。由于信息不对称问题，合同当事人不易彼此了解、监督和控制，所以产生激励问题，包括逆向选择、道德风险和委托代理问题。交易前信息不对称会引发逆向选择问题。在贷款过程中，银行可能会做出错误贷款选择，贷款给资质差风险高的公司，背离他们选择的初衷，产生逆向选择问题。因为高风险公司会更努力地包装自己，蒙蔽银行，取得贷款。交易后信息不对称会引发道德风险。例如，在保险市场中，保单持有者愿意冒更大的风险追求高收益，而所冒风险并不为保险公司所知，这样对于保险公司而言就存在风险。在合同领域也存在道德风险，提前支付薪酬后，对员工的工作激励减小，员工可能付出更少的劳动。在风险投资领域，当企业的部分福利已经被转移至它并不在意其福利的主体时，其努力工作的动机就会降低。上述事例中都存在道德风险。所有权和决策权相分离会造成委托代理问题。拥有所有权、承受与决策相关风险的人们被称为委托人，获得决策的权利的是代理人，由于代理人对于自身权利、地位的追求，他们可能会做出损害所有者利益的决策。例如购买豪华办公设备，兼并收购毫无价值的公司等。运转良好的金融体系为解决道德风险、逆向选择、委托代理问题提供便利。贷款抵押机制，根据企业市场价值给予管理者酬劳，以股票期权形式发放薪酬，这些基于金融体系的酬劳支付方式，都在很大程度上缓解逆向选择、道德风险和委托代理问题。

## 1.1.2 金融功能视角下的投资银行功能概述

投资银行的核心功能是什么，正如莫里森和威廉（Morrison & Wilhelm, 2007）所说，传统上，投资银行主要是在那些难以有效建立产权的资产交易中提供价值，而最难以有效建立产权的资产是信息，而信息的交易正是金融资产交易的基础。投资银行通过帮助企业、政府和其他主体发行证券筹集资金，提出证券发行建议，帮助企业进行兼并收购，提供投资咨询，进而实现对信息资产的交易。

居民收入的资本化，计算机、通信技术发展降低的交易成本，增强信息的可获得性，这些都为金融体系的发展提供了硬件条件。各国产权制度及其执行的完善，信息披露制度的建立和发展，信息搜集、处理、传递的专业化，助推了资本市场和投资银行的发展。

跨期跨国转移经济资源。投资银行帮助发行主体发行证券，使得盈余方资金转移到短缺方,而资金所有者因此获得了未来的收益权。投资银行帮助经济资源跨国跨期转移,提高了储蓄投资转化效率。投资银行实现了经济资源的多边聚集和分配。

归集资源,细分股份。投资银行包销或者代销证券后,投资者向投资银行认购,其实质等同于归集投资者资源,并把资源转移给证券发行人。另外,投资银行通过股份细分,或者降低债券面值的方式,为广大中小投资者提供投资途径,促进储蓄投资的转移。

降低搜寻成本和交易成本。投资银行作为金融中介机构,通过包销和代销的方式,帮助证券发行主体在金融市场筹集资金,更方便地寻找到交易对方,有效地降低搜寻成本。同时,活跃的二级市场降低了交易成本,提供充足的流动性,增强了储蓄者投资意愿,提高储蓄投资转化的效率。另外,也为企业通过多元化融资渠道降低成本提供便利。

风险分散。通过市场化途径,投资银行帮助实现了风险的合理定价和交易。同时,通过设计不同"风险收益"产品,以及金融产品的其他创新,帮助投资者实现投资多元化,分散风险,以及资金配置和风险配置的分离。另外,投资银行也为高风险,高收益项目融入资金,促进经济发展。

提供信息。投资银行在承销证券之前,通过尽职调查,掌握企业很多信息。这些信息为投资者决策提供依据,促进储蓄向投资的转化。另外,投资银行运用自己丰富的经验和信息,为企业提供咨询,帮助企业更好地生产和发展,提高企业的效率。投资银行从储蓄和投资两个方面出发,促进储蓄投资的转化和社会效率的提高。

解决激励问题。投资银行通过证券承销和新金融工具的设计,为解决委托代理问题提供途径。比如管理人薪酬中加入期权,或者根据企业市场价值表现发放薪酬。

提供财富增长渠道。投资银行设计不同的产品,承销不同的证券,丰富了市场上金融产品的种类,满足了更多投资者的需求,为投资者财富增长提供更多的途径。

## 1.2 投资银行 IPO 承销功能的理论分析

### 1.2.1 证券发行与交易的特殊性

与产品市场及劳动力市场类似，信息不对称的问题在资本市场同样存在并且更加突出，由于资本市场是资本密集型和信息密集型的市场，在资金需求方与投资者之间的信息不对称程度会更为严重。资金需求方由于自有资金实力所限，需要在资本市场上吸引投资者以满足融资需求，对于投资者而言，决定是否投资于一家特定公司的关键在于能否获得该公司的信息，例如商业模式、创新能力以及管理水平，以便判断公司潜在的增长前景。为实现双方的诉求就需要作为金融中介的证券公司的存在来解决这种冲突。在某种程度上，投资银行为投资者提供的是一种特殊的商品——与价格相关的信息。正是由于投资银行的存在，使得市场资金能够找到匹配的项目和企业，实现信息流与资金流的交换。

而实现这种交换的前提，则是交换双方对各自的产品拥有明晰的产权。与一般有形的商品不同，在资本市场上，与价格相关的信息虽然有价值，但却很难为信息建立产权。首先，是如何向潜在的投资者证明信息的价值，并因此收取合理的报酬；其次，也很难认定某一投资者获得信息的来源就是信息的制造者，因而就无法要求其为使用信息而付费；最后，从投资者的角度，无法保证信息所有者对有价值的信息不重复对外出售，而有价值的信息广为传播的后果则是丧失了原有的价值。市场经济在某种意义上属于契约经济，但即便是具有法律约束力的契约也很难在价格相关的信息市场发挥作用。第一，由于合约不完全的存在，信息的质量和有效性无法得到证实，无法验证的后果和合同规定自然无法达成有法律约束的契约。第二，如何能够确定某特定的投资者受益于信息制造者提供的特定信息？既然无法指证当事人的责任，法律自然不会做出保护另一方的判决。第三，即便是前两者条件都具备，如何能够保证信息不会在举证过程或者诉诸法律的过程中被其他人所知晓？而一旦信息被广泛传播，其价值必然大幅缩水。

### 1.2.2 信息市场与投资银行金融功能

因为无法为价格相关的信息建立具有法律约束力的契约关系，所以只能借助于非正式的关系网络，建立私人的信息市场。对于投资银行而言，要想建立并维持私人信息市场的有序运行，对于信息提供方而言需要向其提供相应的报酬作为激励，同时将不遵循市场规则、提供虚假信息的参与者驱逐出市场作为威胁。当然，这种置信威胁能够发挥作用的前提是短期的弄虚作假带来的利益增加要远小于长期参与的结果。为了吸引投资者，投资银行还有责任确保投资者投资的对象是高质量和准确定价的，同理，如果投资银行没有尽到勤勉义务，或者由于能力欠缺无法实现资产的有效定价，也必然会失去投资者的信任而被淘汰，从而损失长期的利润，所以投资银行有足够的激励和动力审慎对待每一笔业务，会尽全力维系自己的声誉。在这个私人信息市场上，各参与方的关系如图1-1所示。

信息的生产者将信息制造出来并提供给投资银行以获得相应的报酬，而机构投资者则提供足够的流动性以实现证券的顺利发行。通常发行方作为信息的需求方，通过投资银行把握市场的反应和对发行方证券的需求。而中小投资者则会"搭机构投资者的便车"，由于在每个市场上，中小投资者的总需求都占有一定的比重，因而也是不能忽视的投资者群体。投资银行还会参与到二级市场，原因在于：第一，为一级市场的参与方提供了退出路径，从而降低流动性网络的成本。第二，能够获得市场反应的相关信息，有助于一级市场发行工作的开展。第三，能够为信息网络获得额外的报酬，此外，投资银行还可以将二级市场的衍生产品服务引入新股发行过程。

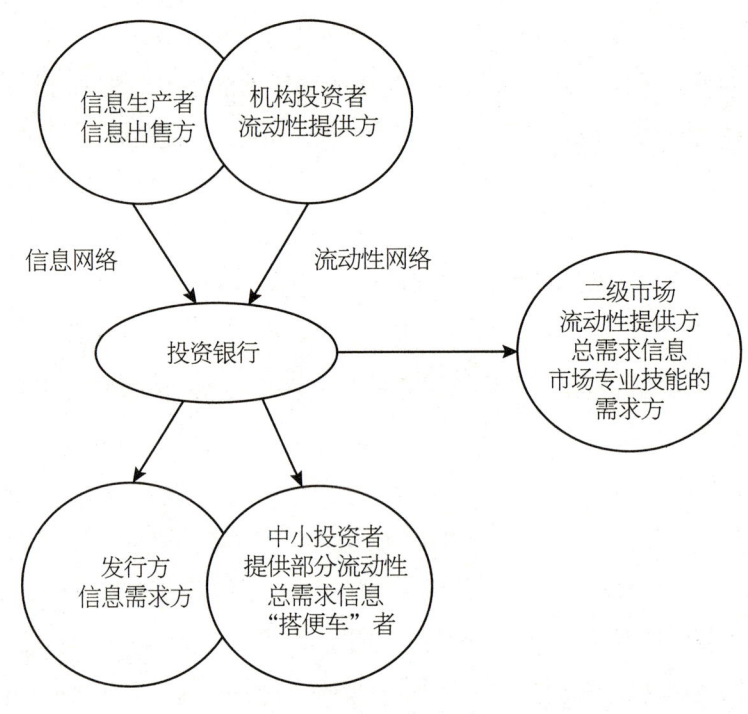

**图 1-1　证券公司的信息市场**

资料来源：Morrison and Wilhelm (2007).

## 1.2.3　投资银行功能发挥的途径：信息网络、声誉管理和隐性技能

由于与价格相关信息的特殊性，在难以达成有法律约束力的契约关系的情况下，为实现信息市场的建立和有效运行必然需要投资银行以其信誉作为担保，确保信息市场上信息流与资金流的有序交换。因而声誉管理对于投资银行有着举足轻重的影响。为维持自身的声誉，投资银行会尽职审查每一笔融资需求，否决信息披露不真实或者低质量的公司证券，对提供有价值信息的参与方给予相应的回报，同时还要使得提供流动性的投资者能够在二级市场获得合理的收益，这就要求给参与一级市场认购的投资者一定的溢价。

传统上的投资银行是高人力资本投入和知识密集型行业，一个有着较高声誉的投资银行是建立在多年的良好业务能力与稳定的客户关系基础之上的。高盛公司几十年来就一直担任福特汽车公司的财务顾问。这对于从业人

员的专业技能和关系网络就提出了很高的要求,而客户关系的承继与投资银行业务能力的获得也绝非毕其功于一役,通过短时间的学习和工作想一蹴而就显然是不可能的。这需要大量的时间与精力进行专业投资,并且需要作坊师傅手把手教授徒弟技能的方式掌握其中的精髓和奥秘,也就是隐性技能的传授。对于投资银行而言,为公司员工的这种投入成本是非常高昂的,并且还面临着精英员工投奔竞争对手带来的客户资源与市场份额的丧失。对此,传统的投资银行的解决之道就是合伙人制度,通过合伙人制度提高凝聚力和员工的忠诚度。即使公司发展面临着自有资本金的限制和约束,高盛公司与拉扎德公司也分别坚持到1999年和2005年才最终上市,成为股份有限公司。

随着信息技术的发展和普及,以及伴随的资本市场结构变迁,投资银行面临的主要问题开始由人力资源向资本金实力转化。一方面,IT技术的迅猛发展和在金融市场的广泛应用使得市场交易的广度、深度和复杂程度大为增加,而存在于传统投资银行信息市场的私人信息开始逐渐被更多的公众与投资者所获知,因而对原有的信息网络形成侵蚀,同时越来越多的商学院开始将资产定价和估值技术在课堂上传授推广,在计算机的帮助下,这些曾经的投资银行的独门秘籍被越来越多的人所熟悉,这在减少了投资银行神秘感的同时也确实对投行那种师傅手把手传授弟子的方式提出了挑战。另一方面,现代金融市场金融工具的种类之繁多以及交易量之庞大对投资银行的资金实力提出了更高的要求,随着竞争的不断加剧和佣金费率的不断降低,传统的经纪业务对投资银行的利润贡献在逐渐下降,要想在市场有所斩获并在激烈的竞争中脱颖而出,就必须拥有雄厚的资金实力,开展自有资本投资和交易。与商业银行能够不断吸收储户存款,有稳定的资金来源不同,投资银行只能通过在货币市场、回购市场上融资或者发行债券和其他证券化产品的方式不断负债,提高财务杠杆。所以现代的投资银行的业务是建立在隐性技能和专业技能(资金和专业技术扮演者更重要的角色)基础之上的,如图1-2所示。

兼并收购咨询仍然是建立在投资银行的声誉和关系网络基础之上的,对于从事这一行业的人员而言有着很高的隐性技能要求。新股发行同样如此,高度依赖于券商的私人信息和关系网络。二级市场交易则是非常鲜明的专业技能主导型业务,大量计算机技术和复杂的工程模型技术被引入这一市场,

```
        专业
        技能 ↑
              ( 二级市场
                  交易 )
                              ( 资产管理 )
              ( 零售投资
                  服务 )
                                     ( 新股发行 )
                                              ( 兼并收购咨询 )
              ─────────────────────────────→ 隐性技能
```

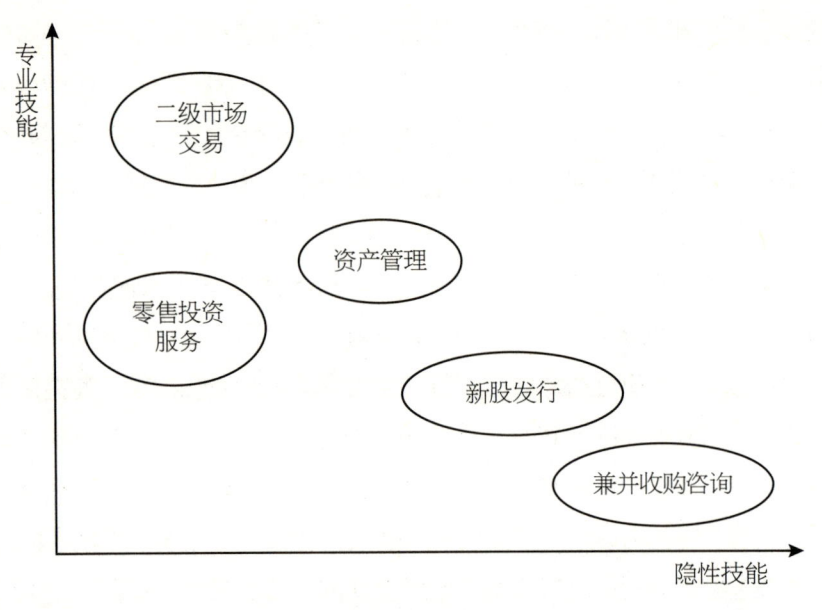

**图1-2 隐性技能和专业技能对证券公司业务的相对重要性**

资料来源：Morrison and Wilhelm（2007）。

例如在股票交易的二级市场上，在很多交易中甚至不涉及人工指令，只要触发交易条件计算机会自动执行委托交易；在互换、期权等衍生产品和结构化金融产品市场上的技术也不再是隐性的，而是专业技术领域的人员能够获得并模仿的。而且与隐性技能不同，这些交易都是存在交易记录的，即便是面对每秒钟执行成千上万次的"高频交易"和"超高频交易"也同样如此，这是可以被证实的具有法律意义的证据。

## 1.3 投资银行实现金融功能的业务模式选择

### 1.3.1 承销服务与经纪服务

作为资本市场上最重要的金融中介，投资银行应运而生的目的就是解决企业和政府的融资问题，从最早还带有商业银行业务色彩的商业票据承兑到政府债券和企业债券的承销与发行，融资功能对于投资银行而言始终是其本源性业务之一。对于企业而言，通过股票和债券的发行不但解决了融资的约束，实现公司价值的增值，资本市场的良好表现还可以提高公司知名度，这将有利于公司的长远发展。而投资者也可以分享企业发展带来的收益，这是一个多方参与的良性循环。而投资银行在这其中通过私人信息市场的建立发挥着解决信息不对称的关键作用。虽然从总量而言，投资银行在资本市场为上市公司筹集的资金量要小于商业银行作为间接金融筹集的资金量，但这并不影响资本市场在存量市场资源配置发挥的重要作用。

目前在美国市场上，随着市场结构变化以及金融产品的层出不穷，证券发行与承销业务收入的重要性在逐渐降低，但作为投资银行的本源性业务，承销收入在投资银行所有业务的比重仍基本保持在10%的水平上。同中国市场目前券商主要承销收入来源于股票市场，即来自首次公开发行、增发、配股以及可转债等业务不同，国外市场上的大型投资银行承销业务收入中债券类承销收入要高于股权类承销，包括首次公开发行、可转债及后续发行工作的业务收入。当然重要原因在于国外的债券产品种类远比国内市场丰富，涵盖了从公司债券到抵押支持债券、资产支持债券等品种。具体如表1-1所示。

表1-1　　2010年投资银行全球证券承销业务净收入前十名

单位：百万美元

| 股票类承销 | | 债券类承销 | |
|---|---|---|---|
| 摩根大通 | 1 480.58 | 摩根大通 | 1 699.92 |
| 摩根士丹利 | 1 443.68 | 美银美林 | 1 553.98 |
| 高盛 | 1 278.75 | 花旗 | 1 296.03 |
| 美银美林 | 1 130.12 | 德意志银行 | 1 212.78 |
| 瑞银 | 924.98 | 巴克莱资本 | 1 144.92 |
| 瑞信 | 907.46 | 瑞信 | 1 068.52 |
| 花旗 | 803.56 | 摩根士丹利 | 962.20 |
| 德意志银行 | 787.70 | 高盛 | 950.55 |

续表

| 股票类承销 | | 债券类承销 | |
|---|---|---|---|
| 野村证券 | 724.75 | 苏格兰皇家银行 | 757.61 |
| 巴克莱资本 | 559.11 | 瑞银 | 636.21 |
| 前十名总计 | 10 040.69 | 前十名总计 | 11 282.72 |

资料来源：Thomson Reuters.

与美国较为成熟的资本市场不同，一方面，随着中国经济实力的不断增强和企业创新能力的不断提高，以及目前中国资本市场主板、中小板和创业板多层次资本市场的建立并完善，会有越来越多面临融资需求的企业选择上市成为上市公司，也会有更多的公司走向海外，选择海外上市。

因而对于目前中国证券公司，股票承销业务，无论是首次公开发行、增发还是配股而言，仍然有较好的业务空间。应当看到，即便是在承销业务这个中国证券公司运作较为充分的业务上，虽然坐拥全球最大的 IPO 市场，中资券商的业务承揽能力与国际大型的券商相比仍有不小的差距。2010 年中资券商的股票承销业务净收入，如表 1-2 所示。

表 1-2　　　　　2010 年中资券商承销金额及承销费用前十名

单位：百万元

| 承销金额排名 | | 承销费用排名 | |
|---|---|---|---|
| 中金公司 | 162 629.05 | 平安证券 | 1 992.94 |
| 中信证券 | 162 488.15 | 国信证券 | 1 347.57 |
| 中银国际 | 108 286.73 | 中信证券 | 1 275.89 |
| 国泰君安 | 85 082.03 | 华泰证券 | 1 062.08 |
| 银河证券 | 80 256.66 | 招商证券 | 935.12 |
| 瑞银证券 | 73 790.96 | 广发证券 | 725.82 |
| 中信建投 | 68 927.28 | 中金公司 | 703.44 |
| 海通证券 | 63 197.71 | 中投证券 | 689.48 |
| 平安证券 | 59 844.46 | 海通证券 | 638.29 |
| 国信证券 | 53 553.33 | 安信证券 | 521.70 |
| 招商证券 | 46 861.02 | 中银国际 | 525.91 |
| 总计 | 964 917.37 | 总计 | 10 418.26 |

资料来源：Wind 资讯。

另一方面，在中国的债券承销市场上，商业银行在央行票据、国债和中短期融资债券市场上占据着绝对的优势，而证券公司在交易所交易的公司债和企业债上优势明显。目前券商在企业债承销业务上的收入已经达到了首次公开发行承销业务的一半以上，随着债券市场的不断发展，公司债的稳步有序推进，越来越多的企业会选择债券市场作为理想的融资渠道，因而证券公司在公司债承销市场仍然大有可为。

在融资服务以外，证券公司另一项历史悠久的业务就是证券经纪业务。传统意义上的经纪业务是证券公司代为保管客户的有价证券，接受客户的委托，按照客户指令代理买卖有价证券并收取佣金。现在的有价证券通常还包括固定收益产品和衍生产品等。到目前为止，我国券商的经纪业务主要还是交易通道服务，即通过网点开户、交易便利和佣金价格。这种盈利模式在市场发展初期可能获得较高的超额利润，但随着竞争的加剧以及管制的放开，这种同质化的业务模式难以实现稳定良性发展。

2002年5月证监会、计委和国税总局联合颁布《关于调整证券交易佣金收取标准的通知》，明确规定"A股、B股、证券投资基金的交易佣金实行最高上限向下浮动制度，证券公司向客户收取的佣金（包括代收的证券交易监管费和证券交易所手续费等）不得高于证券交易金额的3‰，也不得低于代收的证券交易监管费和证券交易所手续费等"。由于固定佣金制度的取消，加之持续到2005年的市场低迷和当时普遍存在的挪用客户保证金问题的存在，最终造成全行业亏损。在证监会推出客户保证金第三方存管以及股权分置改革完成、海外蓝筹股回归A股市场以及中小板重启、创业板设立带来的交易量急剧放大的因素影响下，虽然证券公司的佣金战仍在持续，但未再出现全行业亏损的情形。但这种单一的佣金盈利模式如果不改变，那么行业的结构重组在所难免。

综观国际市场，佣金自由化是大势所趋，美国证券市场自1975年5月就取消了固定佣金制，实行协商佣金制，此后，法国、澳大利亚、日本也分别实行佣金自由化，佣金费率在激烈的竞争中被不断压缩。之所以美国没有出现像中国这样大规模的亏损现象，在于美国的证券公司能够审时度势，实现业务和战略的及时调整，如美林证券（现在的美银美林）、摩根斯坦利为代表的综合业务发展模式。以美林为例，其将财务顾问制度引入市场，实现了经纪业务与财务顾问业务、资产管理业务的有机结合。以开展网上业务的嘉信理财为代表的折扣经纪商模式，嘉信理财依托因特网的迅速发展与普及，利用低廉的交易费用吸引了大量的中小投资者。这种差异化竞争和细分市场的准确定位使得美国的券商不但没有被佣金费率降低影响，反而实力愈加强大。

## 1.3.2 资产证券化为代表的金融创新服务

投资银行在作为金融创新最重要的成果之一——资产证券化领域也发挥了举足轻重的作用。虽然贝尔斯登和雷曼兄弟的倒闭与为自身带来巨额利润与众多称赞的结构化金融产品密不可分，但不可否认资产证券化确实深刻地影响了现代金融市场。

根据美国证券交易委员会 2005 年发布的《资产支持证券规则》的定义，资产证券化是一种融资技术，即将缺乏流动性的资产（大多数情况下）进行组合并转化为一种更自由地在资本市场上发行和出售的融资工具。耶鲁大学法博齐教授则认为资产证券化是一个过程，通过该过程将具有共同特征的抵押贷款、分期付款合约和其他缺乏流动性的资产包装成可以市场化的，具有投资特征的付息证券。一般意义上可以将证券化产品分为抵押支持债券（MBS）、资产支持债券（ABS），以及担保债务凭证（CDOs）等。抵押贷款的资产证券化的基本原理（MBS）可以通过图 1-3 说明。

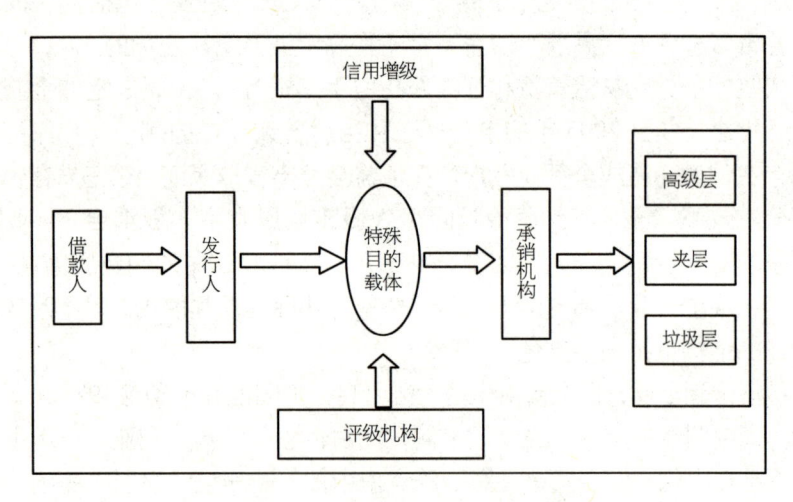

图 1-3 资产证券化原理说明

借款人向商业银行申请的贷款通常具有较长的期限和较高的风险，同时根据监管部门的规定，商业银行还要为这部分贷款计提风险准备金，在资产证券化出现以前，银行只能被动地等待贷款人偿还贷款收取利息，对于出现的违约和偿付困难无能为力。但借助于资产证券化，银行可以将具有相同或近似贷款类型、期限和违约风险的贷款进行重组，实现贷款的重新分割与组合，将资产打包放入资产池中，通过成立特殊目的载体（SPV）发行债券，筹集资金收购银行持有的贷款，实现证券化资产与资产所有人破产风险的隔离，当然，在这个过程中离不开相应机构的增级和评级机构的参与，而投资者则投资于特殊目的载体发行的债券，收取稳定的利息。按照投资者风险偏好的不同，又可以对抵押支持债券进行分层以满足不同投资者的需求，通常抵押支持债券分为六层，图中划分了三层，即高级层、夹层和垃圾层。高级层风险最低，回报也最低，垃圾层风险最高，但收益也最高，夹层的风险和收益则介于两者之间，通常现金流的分配是由高级层到垃圾层，损失的承担则是由垃圾层到高级层。

  商业银行对抵押贷款资产证券化十分热衷，由于资产证券化属于表外业务，不反映在资产负债表中，因而商业银行不但可以借此规避监管部门对资本金的强制要求，同时还可以将贷款转手获得的资金投入到新的业务中，扩大了业务规模，而且还可以从资产证券化过程中收取一定的手续费。随着这项业务的发展，资产证券化的标的又扩展到汽车贷款、信用卡应收账款、学生贷款、知识产权、碳排放基础设施等领域，换言之，凡是能够产生可预见未来现金流的资产均被设计开发出了相应的证券化产品。由于旺盛的市场需求，涌入华尔街的大量"火箭科学家"和量化分析师们又在此基础上进行了二级证券化、三级证券化甚至更多次的衍生。截止到2011年7月，全球场外交易市场（OTC）衍生产品类别及按合约名义价值计算所占的比例如图1-4所示。

  可以看出，目前场外交易的衍生产品数量非常庞大，名义价值已经达到了707万亿美元，当然，这是名义价值，根据国际清算银行的估算，截止到2011年7月，场外交易的衍生品毛价值为19.52万亿美元。利率衍生产品占比最高，在其中，利率互换又占据了最大的份额。图中的信用违约互换（CDS）是为了进一步规避信用风险而开发出对冲信用风险的保险性质产品，但信用违约互换很快就成为炒作的对象而失去了原有的意义。2008年由次贷危机引发的金融危机，美国国际集团（AIG）因为持有大量的信用违约互换保单而损失巨大。

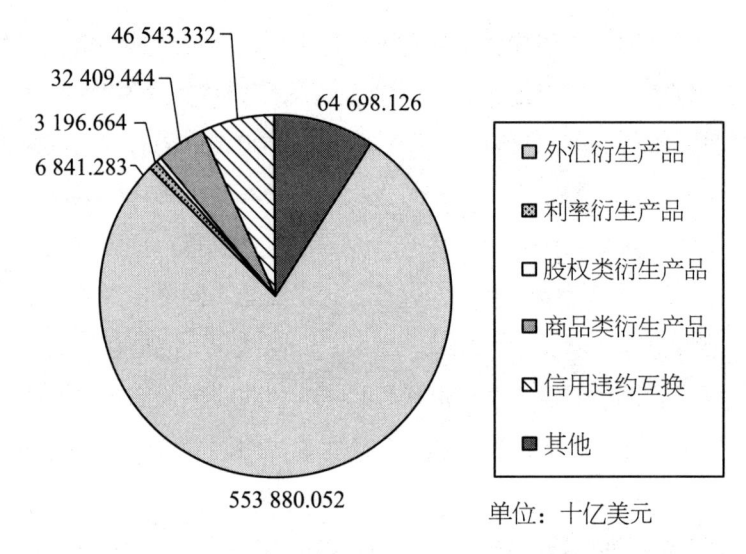

46 543.332
32 409.444
3 196.664
6 841.283
64 698.126
553 880.052

- 外汇衍生产品
- 利率衍生产品
- 股权类衍生产品
- 商品类衍生产品
- 信用违约互换
- 其他

单位：十亿美元

**图 1-4　按种类区分的全球场外交易市场衍生产品名义价值**

资料来源：BIS Quarterly Review，December 2011.

## 1.3.3　提供资本市场存量资源并购重组的金融服务

并购重组是实现资本市场存量资源有效整合的重要手段，通过并购重组，能够实现参与双方的协同效应，带来规模经济和单位成本的下降，有利于实现横向一体化或纵向一体化的经济效益，伴随着并购重组带来的管理水平的提高和公司治理机制的改善则有利于淘汰无效率的管理层，提高公司业绩表现。

为并购重组提供咨询和财务顾问服务是投资银行另一项历史悠久的业务类型，现代并购重组业务的雏形可以追溯到19世纪末20世纪初约翰摩根带领下的摩根财团实现美国铁路和钢铁行业大整合的事迹。现代并购重组业务不同于摩根时代的情形在于当代的金融市场为并购重组企业提供了充足的流动性以及可以利用的融资手段层出不穷。兼并收购参与方也不再仅仅局限于企业与企业之间，私募股权基金、对冲基金、资产管理公司和投资银行都开始在其中扮演越来越重要的角色。借助于杠杆收购，近年来全球市场上实现的并购重组规模也与日俱增。2011年1月至2011年9月底，全球并购市场交易市值已经达到了1.685万亿美元，按照行业区分的情况如图1-5所示。

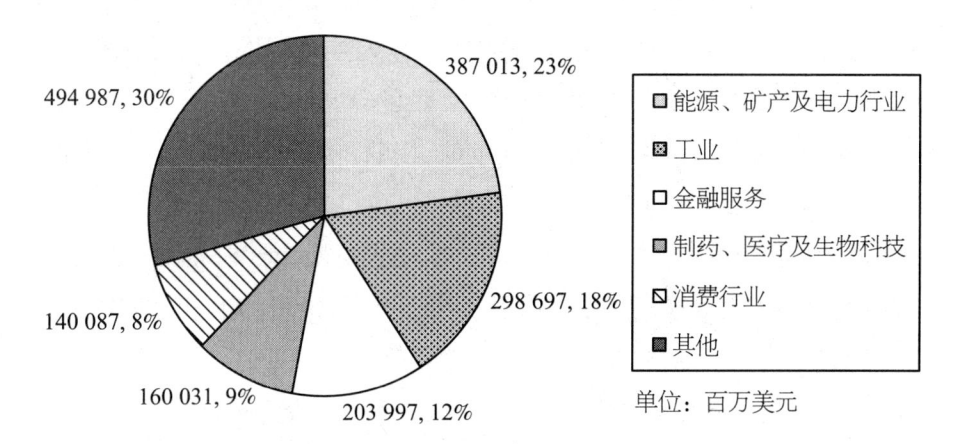

图1-5 按市值计算的全球并购市场分行业情况统计

资料来源：Thomson Reuters.

并购重组活动涉及经济、政治、法律、社会等方方面面，牵连到众多的利益相关方。传统意义上的善意收购不但需要企业双方各自的经营状况、财务水平和资产评估以形成交易价格，同时还涉及监管层面和法律层面的影响。而出现敌意收购则会使整个过程变得更为复杂，因而证券公司在其中起到了不可替代的作用。

对于投资银行而言，并购重组相关性服务始终是一项隐性技能主导的业务，因而私人信息市场和关系网络的重要性就更为突出，随着市场的变革和行业的发展，投资银行已经不再仅仅局限于为企业并购重组提供咨询和顾问服务，开始以自有资金参与协助并购重组的全流程，例如为并购重组方提供过桥贷款，为收购方涉及复杂的结构化金融产品满足收购资金需求等。甚至于投资银行内部也出现了分化，部分投资银行不再局限于传统意义上"正面角色"的扮演，开始为敌意收购提供服务，摩根斯坦利便于20世纪70年代开始涉足敌意收购的咨询服务领域。70年代末到80年代，在德崇证券公司著名的"垃圾债券大王"迈克尔米尔肯大力推动下，垃圾债券开始在兼并收购领域发挥起前所未有的重要性，虽然业界和学界对于垃圾债券带来的经济和社会后果还颇有争议，但不可否认垃圾债券在80年代末期杠杆收购所起到的作用也极大地改变了美国公司治理和金融市场的面貌。

相比于美国市场上兼并收购的波澜壮阔，中国资本市场似乎显得波澜不惊，大型企业公司之间的合并重组通常有政府从中穿针引线，除此之外占据报端的更多的是盈利一方收购面临着财务困境的上市公司从而实现借壳上市。协商一致是常态，敌意收购罕有耳闻。随着市场化改革的推进，中国投资银行的并购重组咨询业务还面临着不少开拓的空间。

出现与美国市场的鲜明差异一方面与我国券商开展兼并收购的水平以及业务深度有待提高有关，但更重要的原因在于：第一，与美国资本市场上股权相对分散不同，目前中国上市公司普遍存在"一股独大"的问题，上市公司的控股股东有很高的持股比例，这一方面也使得兼并重组更多取决于大股东意志而不是市场资源配置的需要。第二，国有大股东广泛存在，使得通常完全借助于市场力量实现的资源整合，由于政治利益和社会因素的考量而或多或少地有了行政干预的色彩，这在一定程度上为证券公司的业务添加了难度。第三，监管层面对相关业务管理较为严格，在发达国家金融市场上存在的众多融资手段和金融产品在中国市场上仍然没有应用。当然不可否认还有文化因素的影响，中国传统文化思想对民众和舆论影响甚深，这也在某种程度上使得为解决管理层效率低下和改进公司治理机制，并且更具有传奇色彩的敌意收购无法大展拳脚。

### 1.3.4 投资银行提供的财富管理服务

财富管理主要针对于高净现值的个人投资者和机构投资者，在专业财富顾问团队的配合下，充分了解客户理财需求，为客户量身定制适合的理财规划，并在此基础上进行资产配置，筛选合适的金融产品，跟踪调整资产配置方案，以实现客户财富保值增值的目的。为客户开展财富管理并非证券公司所独有，资产管理公司、商业银行，以及公募基金、私募和对冲基金也同样展开了与投资银行的竞争。目前资产管理的业务模式主要是两种方式，一种是内化于经纪业务服务中，比如投资顾问、客户现金管理以及集合理财服务等，另外一种方式是成立独立的法人单位从事资产管理的业务。

# 1. 投资银行金融功能概述

美林证券（现在的美银美林）是前一种方式的代表，在美林证券，财富管理由全球财富管理部门管理，该部门又进一步划分为全球私人客户（GPC）以及全球投资管理（GIM），其中前者针对的是美林高净值的客户，为其提供传统的投资产品，而后者既包括提供对冲基金等另类投资，同时也有美林公司投资管理部门与贝莱德集团合并成立的后美林公司持有的权益份额。

美林公司成功的关键在于运用了分离战略，即根据可投资资产的水平将目标服务有针对性地推出给目标客户，并且针对每一层次的客户都有专业的后台部门提供支持。例如，私人财富顾问主要是针对超过1 000万美元的超高净现值资产客户。财务顾问主要是针对净现值资产为10万美元至1 000万美元的客户，最后，针对资产少于10万美元的个人投资者，有财务顾问中心提供支持。

在专业且细分的服务基础上，美林还为客户提供了自有及第三方的可供选择的大量专业服务及投资理财产品，包括：传统经纪人佣金业务和网上证券经纪业务；财富管理服务；投资顾问服务，例如美林咨询，这是独立运作的管理账户产品，为客户提供一系列专业的资产管理公司；覆盖各行业、各地区和类型的众多的共同基金、封闭式基金以及交易所交易基金（ETFs）；存款和现金管理产品，包括CMA账户、Beyond Banking账户以及Visa卡账户；退休计划及养老产品，包括IRA和401（k）；信托计划；消费贷款和小额业务贷款，包括按揭贷款、保险和年金产品、另类投资产品；财务规划，包括全面和针对性的理财产品[①]。

而后者则类似于目前资产管理公司以及私募基金的运作，投资银行既可以直接参与发起和管理基金，也可以作为基金的受托人，管理客户基金，从中收取管理费和业绩提成。目前高盛、摩根斯坦利以及巴克莱资本、美银美林等投资银行已经广泛涉及资产管理领域，参与管理的资产规模也达到甚至超过了富达基金、先锋集团等传统基金管理公司。

当前中国的投资银行无论从资产规模还是从推出产品种类的丰富程度上

---

① 引自 Merill Lynch 2007 factbook。

来看都要逊于基金公司与资产管理公司。推出的集合资产管理计划主要分为限定性和非限定性两类产品，前者对投资标的和比例有明确的规定，通常是集中于固定收益类证券，股权类投资占比较小，而非限定性产品则没有对投资方向等的相关规定，通常门槛更高，收益与风险也要更高。截止到2011年11月份，已有近60家券商推出了券商理财产品，占到全部券商的60%左右，并且不同券商开始形成自己独特的风格，专注于其中一种或几种产品。①

## 1.4
## 投资银行组织模式选择

　　投资银行的产生可以追溯到19世纪。早期的投资银行远不像今天动辄上千的员工规模。那时的投资银行基本上都是依靠投资银行家个人的才能得以建立，成立的投资银行也通常会以投资银行家个人的名字命名。随着政府、企业融资需求的不断扩大，投资银行开始通过以吸收合伙人的方式增加自有资本，扩大经营规模。直到20世纪中期，采用合伙制的投资银行仍然占据着投资银行组织形式的主流。自20世纪70年代开始，随着资本取代人力成为制约投资银行发展的最大障碍，投资银行纷纷谋求转型成为上市公司，利用资本市场筹集资本金。1970年纽约证券交易所允许交易席位会员采用股份有限公司的模式后，当时投资银行的两大巨头，美林证券（Merrill Lynch）和巴奇证券（Bache）迅速实现股份公司的转型。这种向股份公司的转型随着金融经济学的不断发展、计算机技术的普及以及金融衍生产品的日新月异而不断加强。因为在这个信息网络化的时代，资本越来越成为制约投资银行发展的因素，全球投资银行业的翘楚——高盛集团于1999年实现合伙制向股份公司制的转变，在兼并收购业务享有顶尖声誉的拉扎德公司也于2005年转型成为上市公司。进入90年代，随着全球监管部门对商业银行

---

① 引自《证券时报》，2011年11月5日。

放松管制，使得商业银行也得以通过收购投资银行涉及投资银行业务，通过金融控股公司的模式，凭借商业银行本身强大的资本金和业务渠道优势，这些金融航空母舰发挥着越来越重要的影响。目前的投资银行组织形式混合了合伙制公司形式、上市公司形式以及金融控股形式。

### 1.4.1 合伙制

合伙制是投资银行存在最为久远的组织形式之一，直到今天这种形式仍然广泛存在于中小型的投资银行中。合伙制企业的长期存在与投资银行的特殊定位有密切关系。传统的投资银行作为资本市场的中介，不论是为企业上市提供承销发行业务，还是为企业的兼并收购提供战略与财务咨询，从本质上看，其核心都是从事与信息有关的活动。优秀的投资银行家凭借着其在资本市场上逐渐积累的雄厚的社交网络与丰富的专业知识而脱颖而出，成为最初的公司发起者或者合伙人。

但是由于在资本市场建立的人脉关系以及为企业兼并收购提供战略建议的能力并不是可以简单复制的，这些技术属于缄默式的技术，只有通过传统作坊那种师傅手把手教导徒弟的方式才能实现技术的传承，但是很难确保徒弟在学有所成之后不会转投别家，所以可以想见，这种传承的成本是非常高的，在无法为这种缄默式的技术收取高昂的学费的情况下，就只有通过合伙人的方式，建立一种长期的稳定的合伙关系。合伙人通常都意味着能力和财富，而除了极个别的情况，想晋升为合伙人是非常不容易的，这需要员工展现出对企业足够的忠诚以及出色的业务能力才能实现。而这是一个短期无法实现的过程，正是借助于合伙制，早期的投资银行解决了缄默资本的传承问题，使得投资银行获得了迅速的发展壮大。

合伙制企业的问题也不容忽视，第一，资本积累速度较慢。由于合伙制企业主要靠内部积累，也就是高级合伙人投入公司的自有资金，在不需要投资银行投入过多自有资金的咨询类和经纪类业务上，这种资本的积累还能够满足所需，但是进入20世纪以后，随着信息技术的日新月异和企业发展的不断加快，企业对资金的需求越来越大，连传统的投资银行业务也需要占用大量的资本金，更不用说自营业务以及做市商业务了。单纯依靠合伙人的自有资本很难满足业务所需，而且也会给企业的发展带来很大的风险。第二，资本不够稳定，合伙人不会一直将资本放在企业，在合伙人退休的时候就会将自有资金从企业取出，而一旦某些年份大量的合伙人撤走资本，这对于投资银行的发展而言就是很大的隐患。

所以可以理解，为什么在当前的资本市场上仍然存在着合伙制的企业，这些企业或者是专注于不需占用大量自有资本的财务咨询类投资银行，朝小而精的方向发展，或者就是目前合伙制企业带来的优势仍然大于合伙制企业弊端带来的成本。

### 1.4.2 股份公司制

由有限合伙制和普通合伙制的公司组织形式向股份有限公司的转变是顺应经济发展的大趋势。这一点对于投资银行的发展来说也不例外。由表1-3可见主要投资银行转型为股份公司的趋势。

表1-3　　　　主要投资银行转型成为股份公司的时间

| 年份 | 上市投资银行 | 上市途径 |
| --- | --- | --- |
| 1970年 | Merrill Lynch, Bache | IPO上市 |
| 1972年 | Dean Witter, Eastman Dillon, Paine Webber | 前者为IPO上市，后者为买壳上市 |
| 1981年 | Salomon Brothers | 买壳上市 |
| 1984年 | Lehman Brothers | 买壳上市 |
| 1985年 | Bear Stearns | IPO上市 |
| 1986年 | Morgan Stanley, Kidder Peabody | 前者为IPO上市，后者为买壳上市 |
| 1987年 | Smith Barney | 买壳上市 |
| 1999年 | Goldman Sachs | IPO上市 |
| 2005年 | Lazard | IPO上市 |

资料来源：吴晓求：《中国证券公司：现状与未来》，中国人民大学出版社2012年版，第321页，并经作者整理。

## 1. 投资银行金融功能概述

一方面，随着企业的融资需求越来越大，股票市场和固定收益市场的交易量与交易金额迅速放大，单纯依赖于合伙制公司下的公司资本使得公司承受了过高的风险。虽然合伙制企业的内部资本积累也在迅速增加，但速度还是落后于现实需要。只有筹集外部资本金才能使得投资银行抓住机遇获得难得的成长机会。在分业监管的模式下，投资银行是无法通过吸收存款的方式获得外部资金的。而通过增加有限合伙人的模式显然也是行不通的，并且由于合伙制企业没有强制的信息披露要求，财务和公司治理的信息也不够透明，而这也使得公司融资面临着困难。在这种情况下，唯有通过募集股本的方式成为股份公司才能有效地解决融资问题。

另一方面，随着新业务的不断出现以及投资银行从本土化向全球化的扩展，投资银行的公司规模和职能部门也在不断增加，面对越来越多的公司员工和日益复杂的公司管理，传统的合伙制是难以胜任的，公司发展壮大的客观现实也决定了投资银行如果想成为全能型金融服务提供商只有转型成为股份公司。

随着网络的建立和信息技术的迅猛发展，传统上属于投资银行家专有的缄默资本被不断地固化为可复制资本，资产定价模型和估值理论被商学院不断传授给渴望从事证券业工作的学生，这已经不再是投资银行家的专利，并且由于投资银行从事业务的相似性，很多估值模型与定价技术一经使用就会被迅速复制。在现代金融市场上，人才对于公司的忠诚度不像合伙制企业模式下那么高，因为人力资本并不是针对特定公司的专有投资，而是普遍使用的，当然不同企业的企业文化不同，但是在高盛集团的佼佼者没有理由到了摩根斯坦利就无法适应。用弗里德曼的说法，世界正在变得更平。在人才为中心的时代，只有为员工创造更好的激励机制才能留住人才。

股份公司除了可以采用分红、股权激励等多种物质激励外，还有一个不可忽视的好处就是企业知名度的增加会吸引人才的关注。这是因为股份公司的信息披露更为完全，所以可以被用来进行横向的比较。比如不同公司股价、财务指标等定期披露的信息就有可比性。那些表现优异的公司自然就会受到越来越多的关注，成为媒体的宠儿。而对于合伙制企业而言，像财务数据这样的公司内部信息则不会对外披露，只有合伙人内部知道每年的经营状况。因此除了对这些公司进行个别的高管专访外，实在也难以挖掘出更有价值的信息。可以想见，这样的企业自然曝光率要低得多。而曝光率高的明星企业自然会比曝光率低的企业获得人才更多的青睐，也许曝光率低并不能证明企业的经营差，但是从吸引人才的角度看，只有经营得法业绩优良的股份公司在知名度上肯定要比同样出色的合伙制企业更占优势。

### 1.4.3 金融控股公司与全能银行制

按照 1999 年巴塞尔银行监管委员会、国际证监会组织、国际保险监管协会联合发布的《对金融控股公司的监管原则》中对多元化经营的金融集团的界定，金融控股公司是指在同一控制权下，完全或主要在银行业、证券业、保险业中至少两个不同的金融行业提供服务的金融集团。

金融控股制的公司组织形式与欧洲大陆以德国瑞士等为代表的全能银行既有相同也有不同，两种模式相似的地方在于，不论是金融控股公司还是全能银行均能够从事全方位的商业银行、投资银行、保险、信托、资产管理以及其他金融业务，可以为客户提供全方位的金融超市服务。两种组织形式均能够整合诸多金融业务，具有较强的开放性和自由性，业务调度灵活，有利于物质资源共享、增加信息资源的流动性和发挥信息优势，进而实现规模经济与范围经济。但与金融控股制的模式不同，在全能银行模式下，不同业务并不是以独立的法人实体存在的，而是以"一个法人、多个牌照、多种业务"为核心特征。与之相比，金融控股公司的母公司并不直接从事具体的业务，而是专事管理组织与公司战略的制定。具体的业务执行由控股的独立法人机构完成，这样金融控股公司就在不同的业务之间建立了所谓的"中国墙"。全能银行以德意志银行、瑞银集团等欧洲大陆金融机构为代表，而金融控股公司则以美国的花旗集团、摩根大通集团为代表。

全能银行与金融控股公司的组织形式相比于独立的投资银行模式具有以下优点：

有效的风险分散。全能银行和金融控股公司模式下的公司可以开展广泛的业务，因而能在增加收入的同时有效地将多种业务风险进行组合管理，实现多元化经营带来的好处。即使出现部分业务部门的亏损，公司也会有其他业务的盈利抵补，并且母公司的雄厚资本金可以避免出现因部分业务的损失带来满盘皆输的结局。

始于2008年的金融危机重创了华尔街的独立投资银行，而正是这次危机，暴露出传统的独立投资银行模式的弊端与金融控股公司和全能银行抵御危机的有效性。五大独立投资银行的命运迥异，贝尔斯登成为最先倒下的投资银行，雷曼兄弟在美林证券被美国银行收购后不久宣布破产，并成为金融危机愈演愈烈的直接导火索。而剩下的两大投资银行，摩根斯坦利与高盛集团则宣布转型成为金融控股公司，以便能够得到美联储的资金援助和担保。

客观地说，并不是独立投资银行表现太差，在金融危机期间，除了摩根大通集团由于较少卷入次级贷款抵押债券等"有毒"金融资产而受影响较少，包括花旗集团、瑞银集团、苏格兰皇家银行等金融控股公司与全能型银行都出现了与次贷有关的巨额资产减记，但独立投资银行与后两者的结局可是大相径庭，由于独立的投资银行不能直接从储户手中吸收存款，因而缺乏资金来源的投资银行只能借助于回购市场（Repo）、资产支持商业票据市场（ABCP）等短期资金借贷市场实现资金的融通，而维系这个短期资金借贷市场的关键就是信用关系，在资本市场，这种建立在人与人信任基础上的交易关系维持的重要性要远远超过其他市场。也正是这个原因，金融市场运行的均衡关系是十分脆弱的，一旦有任何风吹草动，出于谨慎性和避险需求的参与方会首先考虑如何保证自身金融资产的安全性。在信心崩溃的2008年金融危机期间，由于投资银行持有了大量复杂而难以准确计价的结构化金融产品使得自身深陷泥潭，从短期资金市场筹措资金已经成为泡影，只能指望从外部投资者手中获得资金注入，但外部投资者同样疑虑重重，在这种内外交困的背景下，投资银行只有破产或者转型接受援助。

业务多元化带来的联动效应。金融控股公司可以突破单一的业务限制，通过从事多种金融业务的经营，有利于形成规模经济和范围经济，并享受协同效应带来的运营优势。全能银行和金融控股公司能够借助于一站式金融服务，通过金融超市的模式为客户提供从融资需求到风险管理再到理财规划的全套解决方案。由于金融服务的产业链条很长，因而有很多业务附加值可以挖掘。事实上，以华尔街五大投资银行为代表的独立投资银行早已经意识到渗透金融服务全产业链的重要性，在之前很久就已经开始了向全方位金融服务的转型。

同美国20世纪30年代之后很长时间的分业监管一样，中国目前仍然处于"证券业和银行业、信托业、保险业实行分业经营、分业管理，证券公司与银行、信托、保险业务机构分别设立"的阶段，但法律并未从实质上禁止金融控股公司的存在，而就目前中国实践情况来看，金融控股公司也确实展现出了很强的竞争力，说明在中国推广金融控股公司模式和全能银行模式是具备条件的（见表1-4）。

表1-4　　具有金融控股公司背景的投资银行市场竞争力一览

| 项目 | 前十大中具有金融控股公司背景的证券公司家数 | 具有金融控股公司背景的证券公司名单 | 剩下的家数和名单 |
| --- | --- | --- | --- |
| 2009年承销业务金额前十名 | 8家 | 中金公司、中信证券、中银国际、瑞银证券、中信建投、招商证券、平安证券、瑞银证券、 | 银河证券、国信证券（2家） |
| 2009年承销业务家数前十名 | 8家 | 中信证券、中金、国泰君安、中信建投、招商证券、平安证券、中银国际、瑞银证券 | 国信证券、银河证券（2家） |
| 2009年自营业务收入前十名 | 6家 | 国泰君安、中信证券、海通证券、申银万国、招商证券、中信建投、 | 银行证券、广发证券、国信证券、华泰证券（4家） |

续表

| 项目 | 前十大中具有金融控股公司背景的证券公司家数 | 具有金融控股公司背景的证券公司名单 | 剩下的家数和名单 |
| --- | --- | --- | --- |
| 2009年市场份额（收入）前十名 | 5家 | 中信证券、国泰君安、海通证券、招商证券、申银万国 | 广发证券、银河证券、华泰证券、国信证券（4家） |
| 2009年净资本前十名 | 6家 | 中信证券、海通证券、光大证券、国泰君安、招商证券、申银万国 | 广发证券、国信证券、银河证券、齐鲁证券、（4家） |
| 2009年资产规模排名前十名 | 6家 | 中信证券、海通证券、国泰君安、招商证券、申银万国、中信建投 | 银河证券、广发证券、华泰证券、国信证券（4家） |
| 首批融资融券试点名单 | 6家（占3家） | 中信证券、国泰君安、光大证券 | 广发证券、华泰证券、国信证券 |
| 首批直接投资试点名单 | 2家（共2家） | 中信证券、中金公司 | |
| 获QDⅡ资格名单 | 9家（占7家） | 中信证券、国泰君安、海通证券、招商证券、申银万国、中金公司、光大证券 | 华泰证券、国信证券 |
| 2010年度AA级证券公司（AAA级空缺） | 12家（占8家） | 光大证券、国泰君安、海通证券、招商证券、中金公司、中信建投、中信金通、中信证券 | 东方证券、国信证券、华泰证券、银河证券 |

资料来源：吴晓求：《中国证券公司：现状与未来》，2012年，第150~151页。

# 2.
## 监管制度市场化改革影响投行功能的分析框架

本章结合施莱费尔（Shleifer，2005）对监管理论的一般分析框架，并考虑转轨经济体的监管制度市场化改革进程（Djankov et al.，2003），建立了股票发行监管制度市场化改革对投资银行金融功能影响的分析框架。进一步地，我们运用中国投资银行客户保证金制度改革的分析提供了一个案例研究，我们分析由于监管漏洞以及市场自律机制缺失造成对客户保证金监管真空，从而形成中国投资银行的行业性危机，这一分析对于后文讨论监管制度变革对投资银行 IPO 承销功能的影响提供了重要的借鉴作用。本章第三节讨论在以信息不对称为基本特征的金融市场中投资银行功能发挥的特点。

## 2.1
## 监管与市场博弈视角下的投行功能研究——一个分析框架

### 2.1.1 监管理论的一般分析

按照施莱费尔（2005）对监管理论的分类，早期的监管理论强调"社会利益"。这一理论建立在两个基本假设上，第一，由于垄断及外部性等问题，自由市场容易失灵；第二，政府具有高尚动机，并且有能力通过监管治理市场失灵。按照"社会利益"监管理论，政府应该通过管制股票发行以保证投资者不被欺骗。尽管"社会利益"监管理论已经成为大多数政府实施监管的正统理论支持，但是这一理论遭受到随后研究者们的诸多批评。基于对第一个假设的批评，研究者们认为市场失灵的程度和范围远比"社会利益"监管理论所假设的要小，并且市场竞争和私下协调能够解决大多数问题，尤其重要的是，当市场失灵并且市场竞争和私下协调都无效时，法院系统能够保证合同执行和侵权救济。因此，如果存在有效的法院系统，股票发行人将自愿披露信息并保证其准确性，因为一旦存在欺诈，投资者将通过法院诉讼获得赔偿。基于对第二个假设的批评，研究者们以斯蒂格勒为代表，发展出了"俘获"监管理论。"俘获"理论认为，监管者容易受到业界的影响，例如不仅不能限制垄断定价，反而会被利用维持垄断定价，即使监管者意在增进社会福利，也会因为力不从心而无法实现有效监管。

施莱费尔（2005）认为，私下协调和法院系统都不能替代有效的监管，因为私下协调容易形成强者为王的局面，而法院系统并不像科斯或斯蒂格勒认为的那样高效，事实上法院系统经常是低效率的，容易受到政府影响的甚至是腐败的。因此，在世界各国的证券市场中，投资者更希望得到监管保护而不是在利益受损失后通过法院诉讼获得补偿。

詹科维等（Djankov et al., 2003）和施莱费尔（2005）等提出了一个新的监管理论框架，施莱费尔（2005）称为"监管执行机制理论"。该理论认为，为了获得市场效率和保证安全，共有四种机制可供选择，分别是：市场自律、法院诉讼、政府监管和国有化。并且这四种机制相互之间不一定是互斥的，在同一个市场中，我们经常可以观察到四种机制共同发挥作用。"监管执行机制理论"的一个基本假设是这四种机制自身都是不完美的，因此一个经济体的最优制度设计需要对这四种机制进行权衡和组合选择。事实上，这四种机制之间存在一个"市场无序"成本和"行政干预"成本之间的权衡。市场无序成本意味着市场机制发挥作用时可能造成的福利损失，而行政干预成本正相反，意味着政府监管及其代理人行为造成的福利损失。因此，这四种机制的选择即是对市场无序成本和行政干预成本的权衡。詹科维等（2003）称之为"制度可能性边界"，可以用图2-1表示。从图2-1中可以看出，依靠市场自律的力量将导致行政干预成本最小，然而市场无序的成本最高，沿着制度可能性边界曲线向下移动，法院诉讼、政府监管和市场自律相比，降低了市场无序成本然而有可能因为政治干预或法院系统的腐败而增加行政干预成本，在极端情况下，国有控制将获得最小的市场无序成本，然而同时也导致最高的行政干预成本。

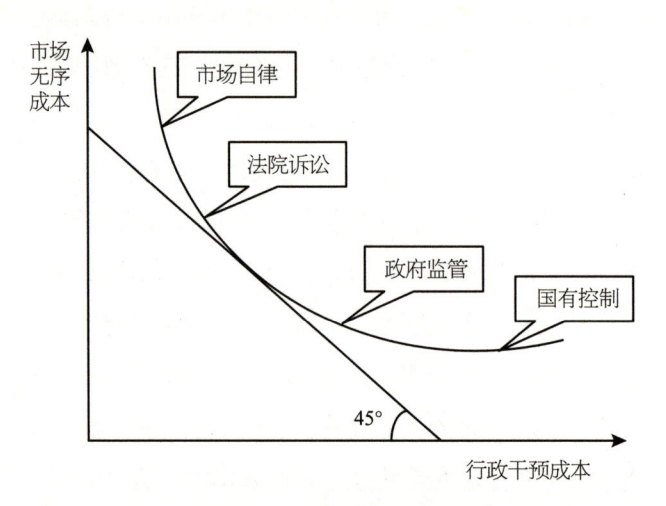

**图2-1 制度可能性边界**

资料来源：Djankov et al.（2003）.

## 2. 监管制度市场化改革影响投行功能的分析框架

施莱费尔（2005）认为，一个经济体对监管机制的选择固然是综合考虑市场无序成本和行政干预成本进行权衡的结果，但同时也受到两个重要因素的影响，第一个因素是政府的公共选择，即当政者利用获得的权力对监管机制的选择施加影响；第二个因素是受到法律起源的影响，即该经济体早先建立的法律体系是英美法系还是大陆法系，显然英美法系比大陆法系更加强调市场机制的作用。

### 2.1.2 股票发行市场的监管机制分析

运用上述监管理论的一般分析框架于股票发行市场，我们可以发现各个经济体拥有自己相对独特的股票发行监管机制。在股票发行市场，发行公司和承销商都存在激励销售价值高估的或质量低劣的证券，如果金融市场充斥这一问题，那么股票发行市场将崩溃。而一个经济体可以用上述四个机制实现股票发行市场的有效运行。

首先，市场自律机制发展出发行公司的声誉功能或者投资银行等中介机构的声誉功能确保股票发行市场有效运行，并且证券交易所也能够发挥作用提高发行公司的信息披露质量，事实上关于投资银行声誉功能的理论和实证研究文献已经为声誉功能发挥作用的具体机制提供了大量的证据［参见 Ljungqvist（2007）的经典综述］。其次，股票投资者可以通过法院诉讼股票发行公司及投资银行等相关中介机构要求获得赔偿，法院的职责在于确认股票发行公司及投资银行等相关中介机构的信息披露是否真实和准确。最后，严格监管机制下，证券监管机构可以规定股票发行公司必须披露哪些信息，并且对这些信息的真实、准确程度进行实质性的审查。最后是国有化，国家对股票发行公司及股票交易所都实施国有化，派出代理人实施股票发行。

在股票发行市场的实践当中，上述四种机制都各有优缺点。市场自律最大的好处是可以摆脱监管和行政干预以及腐败，问题是容易出现不公平竞争等市场失灵。在股票发行市场，单纯依靠市场自律机制有可能引发严重的融资骗局，种种市场无序现象始终贯穿在股票市场的发展历史中。理论上说，法院诉讼机制能够较好地解决股票发行市场的无序现象，这一机制的优势在于既能克服市场无序，又能在一定程度上脱离政府干预。但是，法院诉讼机制同时也容易受到市场参与主体强势一方的干扰，并且也会受到政治力量的干预。在股票发行市场中，股票发行人以及投资银行往往具备雄厚财力影响法院判决，或者能够雇用高水平的律师为其辩护。已有研究也表明，当法院系统没有从政府中独立出来时，法院系统很容易受到政治力量的影响，法官自身也容易受到贿赂。因此，法院诉讼机制产生作用必须要具备两个前提条件，第一是法院系统能够有效地脱离政治力量的干预，第二是诉讼各方的力量不至过于悬殊。显然，这两个条件都更多地适用于发达经济体而在新兴市场则不容易得到满足。政府监管的优势在于监管者不同于法官，有可能是证券领域的专家，因此能够有效地识别股票发行欺诈等情形。由于监管者具有特定的维护证券市场有序发展的职责，因此容易比中立的法官具有更强的动机维护证券市场发展。政府监管的问题在于监管者有可能因为特定的政治目标而对证券市场实施监管或者被特定利益集团收买。因此，政府监管机制适用于市场无序程度较高并且法院系统效率低下的市场环境中。最后，国有化只有在市场无序成本极高的情形下才会实施，并且也伴随着极高的行政干预成本。

对上述几种机制的优缺点对比及其适用环境可以见表2–1。

表2–1　　　　　　　股票发行市场的监管机制比较

| 可选机制 | 优势 | 劣势 | 适用环境 |
| --- | --- | --- | --- |
| 市场自律（无监管） | 避免监管和行政干预以及腐败 | 易引发不公平竞争等市场失灵 | 投资银行、审计师等中介机构较发达的市场 |
| 法院诉讼 | 一定程度上克服市场无序，并避免政府干预 | 易受到市场参与主体强势一方的干扰，并且也会受到政治力量的干预 | 法院系统独立性高，诉讼各方力量不至过于悬殊 |
| 政府监管 | 监管者具备证券领域专业知识，具备特定的维护证券市场有序发展的职责 | 服从特定的政治目标或被利益集团收买 | 市场无序程度较高并且法院系统效率低下的市场环境 |
| 国有化 | 能够解决市场无序 | 导致较高的行政干预成本 | 市场无序成本在极高的情形下才会实施 |

拉波尔塔等（La Porta et al., 2006）对全球46个经济体的问卷数据开展的实证研究表明，第一，仅仅依靠市场自律机制，股票市场是不可能繁荣发展的，必须有监管机制的介入。第二，在具体监管机制的选择上，政府监管，甚至是严格监管并不能显著促进股票市场的繁荣，而证券法规关于披露信息的规定以及股票发行中侵权责任的认定则显著有助于股票市场的发展。与这一实证发现一致的是，施莱费尔（2005）也强调，由立法机构制定相关准则并通过法院诉讼系统实施对股票发行市场参与各方的利益协调，可能是相对有效的监管机制。

### 2.1.3 中国股票发行市场的监管改革：政府监管与市场化的博弈

发达国家股票市场监管改革绝大多数是从制度可能性曲线左上方向右下方移动，以美国为例，股票市场几乎全部以市场自律为主，经历了1933年的《格拉斯——斯蒂格尔法案》、1934年的《证券法》等。而与此相反，中国股票市场建立至今，中国股票发行制度的改革路径是从图形右下方向左上方的移动，从政府监管的绝对控制到逐步实现市场化改革，体现了政府监管和市场化力量的博弈（见图2-2）。

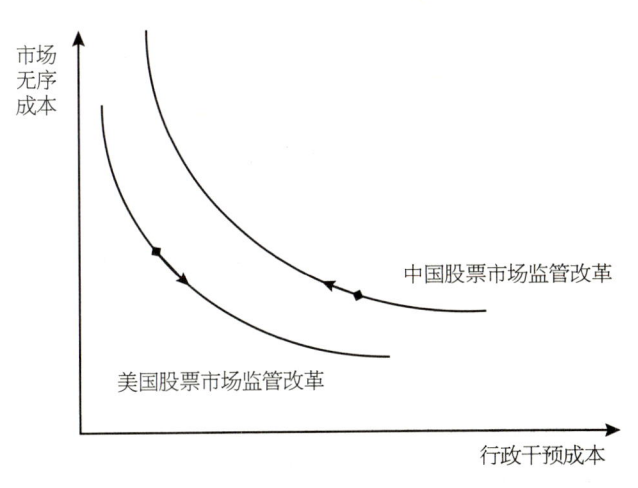

图2-2 不同经济体股票市场监管改革路径

资料来源：Djankov et al.（2003）.

中国股票发行审核制度变革历程，如表 2–2 所示。

表 2–2　　　　　　　　中国股票发行审核制度变革

| 审核制度 | 审批制 | | 核准制 | |
|---|---|---|---|---|
| 制度特征 | 额度管理 | 指标管理 | 证券公司通道制 | 保荐人制度 |
| 管理法规 | 《股票发行与交易管理暂行条例》 | 《关于股票发行工作若干规定的通知》 | 《中国证监会股票发行核准程序》 | 《证券发行上市保荐制度暂行办法》 |
| 起始时间 | 1993 年 4 月 22 日 | 1996 年 12 月 26 日 | 2001 年 3 月 16 日 | 2004 年 1 月 |

第一，审批制下的额度管理。1992 年 12 月 17 日国务院发布的《国务院关于进一步加强证券市场宏观管理的通知》（以下简称《通知》）和 1993 年 4 月施行的《股票发行与交易管理暂行条例》（以下简称《条例》）标志着中国股票市场正式进入额度管理时期。根据《通知》的要求，"经过批准的股份制试点企业，经证监会认可的资产评估机构和会计师事务所进行资产评估和财务审核后，向企业所在地的省级或计划单列市人民政府提出公开发行上市股票的申请，地方企业由省级或计划单列市人民政府在国家下达给该地的规模内审批；中央企业由其主管部门商企业所在地的省级或计划单列市人民政府在国家下达给该部门的规模内审批。"具体执行则是由国家证券委根据经济发展和股票市场实际制定当年发行的总规模，经国务院批准后由国家计委将额度具体分配到各省、市、自治区、直辖市和有关部门。1993 年当年国家下达了 50 亿元新股的发行额度，1994 年、1996 年两年的发行额度分别是 55 亿元和 150 亿元人民币。但是，旨在控制资本市场融资总量的额度制很快就显露出了弊端。由于各地方政府分配到的额度是一定的，为了争取本地区更多的企业上市，地方政府通过企业缩股的方式，将额度进一步分解。额度分解的结果导致同期的上市企业规模明显偏小，而这一方面造成企业在上市之后通过配股等方式频繁再融资以扩大股本，另一方面，股本过小使得二级市场很容易通过资金量的优势实现股价操纵，造成股价波动过大，不利于二级市场的稳定。

## 2. 监管制度市场化改革影响投行功能的分析框架

第二，审批制下的指标管理。鉴于额度管理存在的问题，1995年10月24日，中国证监会下发《中国证券监督管理委员会关于对股票发行中若干问题处理意见的通知》，通知明确指出："一些地方、部门为了在中央下达的计划额度内，增加上市企业家数，降低上市企业的发行规模，采取了对公司股本进行同比例缩股以满足公司上市条件的做法。这种做法不符合国家关于股票发行实行额度控制的原则。对此，在1995年新股发行中要严加限制。对确属国家重点支持的、而发行规模又难以满足上市条件的极个别国有大型企业，作为特殊情况在报经中国证监会批准后，可缩股发行上市。凡采用同比例缩股的上市公司，上市后三年之内不得进行配股。"1996年8月，国务院证券委在《关于1996年全国证券期货工作安排意见》中明确提出："针对目前新股发行中存在的问题，今后下达新股发行计划，改为'总量控制，限报家数'的管理办法，即由国家计委、证券委共同制定股票发行总规模，证监会在确定的总规模内，根据市场情况向各地区、各部门下达发行企业个数，并对企业进行审核。"这标志着中国股票发行审核正式由额度管理过渡到指标管理时期，随后，中国证监会于1996年12月底通过的《关于股票发行工作若干规定的通知》中，又进一步明确："各地、各部门在执行1996年度新股发行计划中，要优先考虑国家确定的1 000家特别是其中的300家重点企业，以及100家全国现代企业制度试点企业和56家企业集团。在产业政策方面，要重点支持农业、能源、交通、通讯、重要原材料等基础产业和高新技术产业，从严控制一般加工工业及商业流通性企业，金融、房地产等行业暂不考虑。"

可以看出，虽然国家意识到额度管理的弊端并采取了控制额度的同时控制家数的办法，但这一时期股票发行的审核特点仍然十分鲜明。市场的发行规模与发行的企业类型仍严格受制于证券委、计委以及各地方政府的计划安排，审核的程度没有太大变化。如果有，也是审核的权力从左手转到了右手——从某种意义上看，由于地方政府出于本地区发展的动机而合理地"利用"规则使国家对这种"不守规矩"的行为进行了间接的惩罚——将发行企业的数量决定权上收。

从实践的角度来看，无论是前期的额度管理还是这一时期实施的指标管理，都属于审批发行制度下的不同形式，带有较强的计划经济色彩。由于股票发行需要经过层层环节审批；地方政府需要向计委争取指标，而地方企业则需要向当地政府争取行政推荐，因而决定企业能否上市的关键不再是企业经营状况和公司治理水平以及投资银行的金融功能，而是争取行政资源能力的高低，这一方面会产生大量的寻租空间，另一方面也会造成上市企业质量的良莠不齐和投资银行金融功能的萎缩。

第三，核准制下的证券公司通道制。1999年7月1日正式实施的《证券法》第十二条明确指出："公开发行股票，必须依照公司法规定的条件，报经国务院证券监督管理机构核准。发行人必须向国务院证券监督管理机构提交公司法规定的申请文件和国务院证券监督管理机构规定的有关文件。"这从法律上标志着新股发行审核制的结束。根据《证券法》的规定，1999年9月，中国证监会发布了《中国证券监督管理委员会股票发行审核委员会条例》，设立发行审核委员会对拟上市公司进行审核。2000年3月16日，中国证监会发布《中国证监会股票发行核准程序》，明确拟上市公司的推荐权由地方政府和有关部门转移到具有相应资质的中介机构。2001年3月17日，股票发行核准制正式取代审核制，中国资本市场新股发行进入通道制时期。2001年3月29日，中国证券业协会发布《关于证券公司推荐发行申请有关工作方案的通知》，以指导意见的方式提出股票发行实行"证券公司自行排队，限报家数"的方案，提出由中国证监会事先确定各家综合类券商所拥有的发股通道数量，券商按照发行1家再上报1家的程序来推荐发股公司的制度。通道制作为新股发行制度由审批制向核准制转变的第一个制度，无疑具有非常重要的意义，因为新股发行的推荐权开始由资本市场的中介机构承担，这一方面减少了地方政府和有关部门对股票市场的行政干预，对于企业而言能否上市的关键不再是向上级争取指标能力的高低，能否上市也不会受到企业规模的限制，只要能够通过发审委的审核，就可以成为上市公司。另一方面，核准制有利于拟上市公司更多受到市场机制的硬约束，推动企业建立市场经济下的现代公司治理机制，不断完善公司制度建设，增强独立性，完善企业内部控制。但也正因为通道制是审批制向核准制的第一个制度，所以不可避免地带有过渡性色彩。通道制的问题也体现得非常明显。首先通道制对于承销业务较强的大型券商而言并不公平。实际操作中，小型券商有2个通道，但大型券商一般最多也只有8个通道，大型券商在一定时期内承销上市公司的数量并不完全取决于其业务能力和市场对其的认可，而是受制于手中拥有的通道的多少。进一步地，券商手中拥有的通道的多少又取决于证监会发审委的审核速度，所以，新股发行并不是真正意义上的市场决定，发行节奏最终还是掌握在证监会手中。其次，由于证券公司每次只能推荐一定数量的公司申请发行，所以券商需要对拟上市企业逐一排队，按序推荐。这种"自主排队"的结果造成很多中小企业上市受阻。另外，通道制下的新股发行对于券商的约束力度也较小，券商的尽职调查力度与勤勉责任也有待提高。

关于保荐制度我们将在下面详细论述。和上述发行制度相一致的是中国股票发行定价制度的变革历程，见表2-3。大致可以分为固定价格定价、相对固定市盈率定价和控制市盈率定价等IPO发行定价的行政管制阶段和询价区间内累计投标竞价和询价制的市场化定价阶段。显然，在IPO发行定价的行政管制阶段，投资银行不可能拥有发行定价的信息收集和价格确定的金融功能，而在市场化定价阶段，一方面，投资银行的信息收集和价格确定功能有可能发挥，另一方面，也有可能因为权力和责任的不相匹配而损害发行客户或者认购股份的投资者利益，从而造成市场无序成本上升。

表2-3　　　　　　中国股票发行定价制度变革

| 定价方式 | 固定价格定价 | 相对固定市盈率定价 | 询价区间内累计投标竞价 | 控制市盈率 | 询价制 |
| --- | --- | --- | --- | --- | --- |
| 起止时间 | 1991至1996年 | 1996年至《证券法》实施期间 | 1999年7月至2001年年底 | 2001年年底至2004年年底 | 2004年年底至今 |
| 管理法规 |  |  | 《中国证券监督管理委员会关于进一步完善股票发行方式的通知》 |  | 《关于首次公开发行股票试行询价制度若干问题的通知》 |

## 2.1.4 中国股票发行监管机制市场化改革对投资银行金融功能的影响分析

根据我们前述对投资银行金融功能的研究综述,股票发行承销市场投资银行金融功能最主要体现在信息鉴证功能上。具体而言,在拟发行公司遴选上能够通过尽职调查筛选出高质量的拟发行公司;在监管层审核时能够协助拟发行公司真实、准确、完整地披露相关信息,促使发行审核顺利通过;在股票发行阶段能够有效收集市场需求信息并准备制定发行价格,尽可能降低 IPO 发行折价率。

从中国股票市场建立之初到 2001 年年初的股票发行审批制阶段,额度管理和指标管理意味着拟发行公司主要是通过地方政府争取到发行额度或发行指标,投资银行在股票发行前的遴选功能无从发挥。而伴随着股票发行审批制度,股票发行定价制度也是由监管机制严格控制市盈率或发行价格为主,因此投资银行的发行定价功能也无从实现。

随着中国股票发行监管制度的市场化改革,尽管仍然实行股票发行的实质性审核制度,但是拟发行公司遴选的部分功能由投资银行承担,同时自 2004 年年底开始,股票发行定价制度开始改为询价制,实际上类似于发达市场股票发行中广泛采用的累计投票询价制度,投资银行对市场信息进行收集、分析和发行定价的功能有可能得到充分发挥。但是,另一方面,随着股票发行监管制度的市场化改革,市场无序成本也有可能增加,投资银行有可能从自身利益出发,推高股票发行价格,同时和参与询价的机构投资者形成共谋,进一步推高股票二级市场交易价格,导致股票发行市场的高发行价格、高超募资金,以及高的 IPO 折价率同时并存(见表 2-4)。

## 2.1.5 新兴市场投资银行金融功能发挥的已有实证证据

新兴市场的一个重要特点是相对严格的金融市场监管和金融机构的国有股权控制。Chen 等(2005)实证研究发现中国投资银行中的国有股权比率

**表2-4 股票发行监管机制的市场化改革对投资银行金融功能的影响**

| 监管机制 | 定价机制 | 投资银行功能影响 || 市场无序成本 |
|---|---|---|---|---|
| | | 拟发行公司遴选功能 | 发行定价功能 | |
| 审批制 | 以控制价格或控制发行市盈率为主 | 无 | 无 | 无 |
| 核准制 | 以询价制为主 | 有可能发挥 | 有可能发挥 | 有可能推高股票发行价格,并和询价机制形成共谋 |

和投资银行的财务绩效之间呈负相关,这部分表明国有股权控制损害了中国的投资银行功能发挥。Jia and Zhang（2010）在 Chen 等（2005）研究基础上进一步把投资银行的国有股权控制细分为地方政府控制和非地方政府控制,实证研究政府控制对投资银行功能发挥的影响。Jia and Zhang（2010）发现中国的投资银行基本上都是国有控股,并且大多数投资银行的最终控制人是地方政府,因此政府行为对投资银行金融功能的发挥产生很大影响。Jia and Zhang（2010）的实证证据表明,地方政府控制的投资银行承销的地方发行公司IPO,相比于非当地政府控制的投资银行而言,表现出更低的财务绩效和更差的长期股票收益率。Tian（2011）则认为中国股票市场平均高达247%的IPO首日折价率主要受到政府对于IPO定价监管和IPO发行额度控制的影响,并非受到投资银行的金融功能发挥的影响。

## 2.2 保证金存管制度变迁对投行功能影响——分析框架的一个应用

### 2.2.1 客户保证金挪用与投资银行行业性危机

运用上一章分析的监管机制和市场化改革的理论框架,可以发现,客户保证金挪用事实上是监管漏洞以及市场自律机制缺失造成对客户保证金监管真空，从而形成投资银行的行业性危机。因此，本节对客户保证金挪用造成的中国投资银行行业性危机的分析对于认识监管制度变革对投资银行IPO承销功能的影响具有重要的借鉴作用。

现代证券交易一般实行分级结算制度，即证券登记结算机构与投资银行等结算参与人进行资金和证券的法人结算（又称一级结算）；投资银行再与其客户即投资者进行二级结算。其中一级结算采用多边净额方式。证券登记结算机构作为共同对手方，对所有交易的应收应付资金和证券与每个结算参与人进行轧差，每个参与者根据轧差净额与登记结算机构结算。净额结算制度通过多边净额轧差的方法，大大减少了证券结算的资金需求量和结算笔数，从而也会减小额外的结算担保需求。二级结算采用逐笔全额方式，投资银行对投资者的证券交易实行逐笔全额清算交收，不做轧差处理。投资者交易前必须全额存入保证金，每做一笔交易对应增减投资者的资金和证券账户余额。这样由于分级结算制度造成大量客户资金沉淀在投资银行的账户上，一旦投资银行资金紧张，便很容易想到动用无人监管、又无使用成本的客户交易结算资金。

存管制度改革前的存管模式中，投资银行对客户交易结算资金的利用主要是通过客户交易结算资金账户和客户资产明细账户。存管银行和监管部门未能掌握客户资产明细构成，无法对客户保证金汇总账户和明细账户勾稽核对，这种缺陷的存在使得对投资银行执行严禁挪用客户保证金的规定缺乏约束，造成挪用客户保证金现象屡禁不止。客户交易结算资金的明细在证券公司，并且银行由于缺乏动力无法做好监督工作，从而给券商挪用客户交易结算资金提供了可乘之机。

### 2.2.2 客户保证金挪用的中国投资银行案例分析

2001年起证券市场连续低迷，投资者逐渐将资金撤出股市。投资银行因为盈利模式单一、风险管理水平落后，资金供给的难以为继使得挪用客户保证金的问题逐步暴露出来。2003年年底至2004年上半年，连续几年的全行业亏损导致挪用客户保证金、违规委托理财、操纵市场等积累多年的风险集中爆发，券商面临证券市场建立以来第一次行业性危机，投资者对证券行业失去了信心。从被证监会处置的投资银行所反映出来的情况来看，投资银行挪用客户结算资金是行业非常普遍的现象，诸多券商因其挪用行为所形成的大量不良债权而陷入绝境。2002年8月鞍山证券成为首家被撤销的券商，随后长江证券、新华证券等陆续被处置，到2006年年底，高达30家证券公司遭到处置①。其中1997年5月至2004年4月，闽发证券累计挪用客户交易结算资金68笔，累计挪用客户交易结算资金总额为30.085亿元。截止到2004年12月31日，大鹏证券挪用客户交易结算资金高达16.5亿元。

在投资银行挪用客户保证金的事件中最典型的例子是南方证券股份有限公司。南方证券股份有限公司前身为南方证券有限公司，成立于1992年12月21日，注册资本10亿元人民币，由中国工商银行、中国农业银行、中国银行、中国建设银行、交通银行和中国人民保险公司联合发起，并由国内四十多家著名企业出资组建。在2001年2月增资扩股后注册资本达34.50亿元，被认为是中国证券市场的"巨无霸"。但是由于违规操作及非法挪用客户交易结算资金，南方证券于2005年被强制关闭，其挪用客户交易结算资金个人部分超过80亿元，机构债务达120亿元。

2000年较好的市场行情致使南方证券吸收了大量的委托理财业务，并签订了大量保底合约，这是南方证券增资扩股的开始，也为后来南方证券背上包袱埋下了伏笔。2001年下半年后，证券市场的行情不断下跌，南方证券的包袱则越来越重，不断出现南方证券出现支付困难的消息。2002年1月19日，南方证券有限公司获得中国证监会批准进行增资扩股并改制成为股份有限公司。

2003年10月，南方证券大范围爆发信用危机，委托理财客户纷纷上门索要投资本金和收益。其时，南方证券的客户保证金存款规模（指客户保证金现金部分，不包括用保证金已购买证券部分）约为80亿元，而此时的委托理财也约为80亿元。面对不断上门索债的委托理财业务客户，南方证

---

① 夏峰：《30家被处置券商将全部进入破产程序》，载于《上海证券报》，2006年11月13日。

券做出了挪用客户保证金用以偿还委托理财客户的投资本金的行径。

  2004年1月2日，因挪用客户保证金等违法违规经营行为，南方证券被行政接管。2005年2月中国人民银行提供80亿元再贷款以帮助南方证券偿付保证金。其后央行又注入80多亿元再贷款，南方证券客户保证金安全得到保障，其经纪业务得以正常运转。但2005年4月29日，中国证监会关闭南方证券，其经纪投行业务被剥离出来独立营运，并整体打包进行招标重组。2005年8月1日，建银投资宣布以3.50亿元接手南方证券74家营业部和投资业务，2005年9月28日，在原南方证券的基础上重组形成注册资本15亿元人民币的中国建银投资证券有限责任公司宣布成立，南方证券正式退出历史舞台。

  除去南方证券外，在关闭和托管鞍山证券、新华证券及汉唐证券的过程中，为维护社会稳定，防止证券市场发生系统性风险，中国人民银行为偿还被这些证券公司挪用的客户交易结算资金债权而向这些机构分别发放了15亿元、14.5亿元和40亿元人民币的贷款。在处置、关闭证券公司的过程中，中国人民银行发放再贷款用于收购个人债权共计达到617亿元人民币[①]。据《中国证券监督管理委员会公报》2000年至2005年的资料显示，共有南方证券、德衡证券、恒信证券、中富证券、汉唐证券、闽发证券、辽宁证券、大连证券、珠海证券、鞍山证券、河南证券、富友证券、海南证券、新华证券、云南证券、佳木斯证券等相继因周转问题被查封、托管，这些证券公司多数存在着挪用客户保证金的事实。对证券公司挪用客户保证金行为的统计如表2-5所示。

**表2-5　　　　挪用客户交易结算资金统计数据　　　　　　单位：万元**

| 证券公司 | 资金 | 证券公司 | 资金 |
| --- | --- | --- | --- |
| 广东证券 | 647 934.90 | 河北证券 | 57 045.88 |
| 中科证券 | 631 980.90 | 五洲证券 | 40 970 |
| 德恒证券 | 325 647.40 | 昆仑证券 | 32 720 |
| 闽发证券 | 300 850 | 泰阳证券 | 32 280 |

---

[①] 凌嘉：《680亿投资者保护基金入水》，《北京现代商报》，2005年12月13日。

续表

| 证券公司 | 资金 | 证券公司 | 资金 |
| --- | --- | --- | --- |
| 汉唐证券 | 241 371.50 | 西北证券 | 27 896.55 |
| 大鹏证券 | 165 000 | 兴安证券 | 25 292.67 |
| 民安证券 | 57 700 | 云南证券 | 15 498.59 |
| 武汉证券 | 57 200 | 第一证券 | 约10 000 |

注：挪用保证金包括直接挪用和透支挪用。
资料来源：据中国证监会网站 http：//www.csrc.gov.cn/pub/zjhpublic/整理。

## 2.2.3 客户保证金运用对证券公司杠杆率的影响——美国投资银行案例分析

在欧美的证券公司经纪业务中利润来源很重要的一部分是涉及为机构投资者提供服务。由于机构投资者资金实力雄厚，交易规模巨大，可以为证券公司带来不菲的佣金收入，因而是证券公司争取的资源。除了丰厚的佣金收入外，由于国外监管部门通常允许投资银行作为经纪商利用保管的客户有价证券、现金资产等保证金资产进行贷款担保和质押等融资性业务，因而投资银行还可以充分利用这笔资源进行投融资，增加了收入来源。这种被称作机构经纪业务（Prime Brokerage）的服务在欧美金融市场非常常见。通常参与机构经纪业务的是管理着大量资产的对冲基金和私募。而之所以对冲基金选择投资银行而不是商业银行，在于投资银行会给予更多的优惠，可以接受的质押品种类更多，因而可以提高对冲基金的流动性，而且欧美金融市场上的投资银行基本都是有着几十年业务经验的声誉卓著的金融中介。从本质上来讲，这种利用机构保证金账户证券资产的行为与2005年之前中国资本市场广泛存在的证券公司挪用客户保证金行为是没有区别的，通过这种方式将客户的现金和有价证券用于自身的业务需要，从而间接地增加了证券公司的财务杠杆。优点是可以实现资金的高效率运用，原理与商业银行发放贷款别无二致，对于证券公司而言，总会有部分资金或有价证券闲置不用，那么把这部分资源用于其他资金需求，提高周转次数，便能够提高资金的利用效率。同时也能从中赚取一定的收益与手续费。但是就像商业银行会面临着挤兑的危机一样，由于挪用客户资金和有价证券的存在，证券公司在面临着流动性问题时也必然会面临着众多客户出于自身资金安全考虑而收回存放资产的致命缺陷。这一问题在中国引发的是证券行业的全行业亏损，在美国，则成为引爆金融危机的重要导火索。

2008年金融危机爆发的原因在业界和学界有着非常激烈的争论，批评的对象从美联储自"9·11"事件后采取的长期低利率政策到被认为是创新过度的金融衍生产品无一幸免。这些批评和指责都在某种程度上是正确的，但是我们也必须重视机构经纪业务（Prime Brokerage）变相放大了证券公司的财务杠杆，从而在面临市场流动性问题时对证券公司造成破坏性打击的影响。

贝尔斯登是成立于1923年的华尔街第五大投资银行，公司业务涵盖企业融资和并购咨询、机构股票和固定收益产品的销售和交易、证券研究、私人客户服务、衍生工具、外汇及期货销售和交易、资产管理和保管服务，还为对冲基金、经纪人和投资咨询者提供融资、证券借贷、结算服务以及技术解决方案，公司机构经纪业务客户包括了文艺复兴科技公司、D. E. Shaw在内的大名鼎鼎的对冲基金巨头。贝尔斯登是抵押债务凭证（CDO）市场的主要参与方，并在该市场获利丰厚。

随着美联储连续加息对美国住房抵押市场的影响开始显现，按揭贷款违约率开始显著上升，2007年6月，受到次贷危机的扩大，资产抵押支持债券、抵押债务凭证等债券大幅贬值的不利影响，贝尔斯登宣布将旗下两只对冲基金清盘，这标志着贝尔斯登破产的倒计时正式开始。随着次贷相关资产的进一步贬值，在次贷相关市场上持有大量头寸的贝尔斯登面临着作为抵押品的抵押债务凭证大幅贬值带来的流动性紧张问题，随着问题加剧，贝尔斯登机构经纪业务的客户开始取回存放在贝尔斯登账户上的现金资产，2008年3月，以量化投资闻名于世的对冲基金文艺复兴科技公司提走了50亿美元，其他基金陆续行动，两天之内，从贝尔斯登被提走的资金高达170亿美元；与此同时，提供资金来源的市场交易对手也不再对其贷款提供展期，由于流动性问题，贝尔斯登也无法从回购市场（Repo）获得贷款，最终回天乏术的贝尔斯登在美联储的帮助下被摩根大通收购。

从贝尔斯登的事件可以看出，一方面确实因为贝尔斯登投资了大量的不良贷款衍生产品造成资产减值,但是不可否认的是,在关键时刻重要的机构投资者提走大量的资产使得失去资金来源的贝尔斯登迅速走上绝路。而挤提之所以会出现在投资银行,也是因为其机构经纪业务的开展使得投资银行可以利用客户的现金以及证券资产开展质押以及担保融资业务,在这种情况下,客户的资产被变相运用于投资银行自营业务使得证券公司的隐形杠杆被迅速放大,在市场繁荣的时期会带来双赢的结果,但在面临流动性不足的情况下,客户出于资产安全的考虑会以"先到先得"的行动争相取回存放在投资银行账户的资产,即便是出于长期合作关系没有提取资产,客户也通常会要求投资银行追加保证金,这无异于雪上加霜。由于证券被质押,投资银行只能通过回购市场、商业票据市场或者共同基金市场争取融资,但在投资银行面临着危机传言下,想获得资金非常困难,那么只能变现手中持有的其他资产,但变现资产会损失很大,尤其对于贝尔斯登而言,手中持有的又是大幅贬值的证券,所以最终只能接受被摩根大通收购的命运。而雷曼兄弟的倒闭在本质上也是如此,清算行在最后时刻提出追加现金保证金的要求成为压垮骆驼的最后一根稻草。

## 2.2.4 客户保证金存管制度改革

挪用客户保证金的现象屡禁不绝,严重威胁到证券行业的生存与发展,监管部门下决心从源头上杜绝挪用保证金现象,于是在推行独立存管的同时,对高风险类的券商,强制要求采用第三方存管模式。南方证券在2004年被行政接管后,成为首个采用第三方存管模式的券商。2005年修订的《证券法》第139条规定:"证券公司客户的交易结算资金应当存放在商业银行,以每个客户的名义单独立户管理。"这为实施客户交易结算资金银行第三方存管制度提供了法律基础,明确了客户保证金不是证券公司负债,其所有权归属客户,有利于投资者权益的保护。修订后的《证券法》同时规定:"证券公司不得将客户的交易结算资金和证券归入其自有财产。禁止任何单位或者个人以任何形式挪用客户的交易结算资金和证券。证券公司破产或者清算时,客户的交易结算资金和证券不属于其破产财产或者清算财产。"

非因客户本身的债务或者法律规定的其他情形，不得查封、冻结、扣划或者强制执行客户的交易结算资金和证券。"同时还规定："证券公司客户的交易结算资金应当存放在商业银行，以每个客户的名义单独立户管理"，这明确了商业银行保证金托管人的地位。

这种模式下，存管银行接受投资者委托，为其以投资者名义开立单独的客户保证金账户，并将之与投资者指定的同名客户证券交易资金台账和银行结算账户建立对应连接。证券公司不再为客户提供资金存取服务，投资者取出的交易结算资金只能回到其指定的银行结算账户，只可通过银证转账方式才能完成保证金的进出，进而实现客户保证金封闭运行。存管银行为证券公司开立客户保证金汇总账户（证券公司可以根据业务需要在存管银行支行开立客户保证金汇总分账户），用于集中存管客户保证金，该账户只得用于投资者取款、证券交易资金交收和支付佣金手续费等用途。遵循"券商管证券，银行管资金"的原则，证券公司只负责客户证券交易、股份管理和清算交收等；存管银行向客户提供保证金存取服务，负责管理客户保证金明细账户和客户保证金汇总账户，为证券公司完成与登记结算公司和场外交收主体之间的法人资金交收提供结算支持，从而做到证券公司自有资金和客户保证金的隔离。①

第三方存管制度赋予投资者在存管银行或者证券公司任何一端进行资金余额查询的权利。存管银行定期为投资者寄送客户资金管理账户对账单，为投资者提供其资金管理账户内资金查询服务、证券公司端资金账户（资金）数据查询服务。证券监督管理机构可以通过对比证券公司端的业务数据和存管银行端的资金管理账户数据，实现外部监督。投资者可以将银行端和证券公司端的资金数据进行对比，以此进行客户自我监督。通过第三方托管的方式，就在证券公司与客户资金之间建立起一道防火墙，消除了证券公司私自挪用客户保证金的基础。

实践证明，客户保证金的第三方存管制确实起到了预期的作用，2008年，中国股票市场从6 000多点跌到1 600点，但在这个过程中没有一家证

---

① 侯外林、钟莉娟、朱晓显、广东证监局：《浅议客户保证金第三方存管》，载《深交所》2007年第3期，第26~32页。

券公司申请破产,一个非常重要的原因就在于券商的综合治理,特别是客户保证金的制度管理。①

## 2.3 金融市场信息不对称对投行IPO承销功能的影响分析

本节结构安排如下:我们首先介绍早期文献对投资银行解决IPO市场信息不对称的金融功能的研究,IPO信息不对称程度越高,则IPO折价率越高,而投资银行解决IPO市场信息不对称的机制是通过投行声誉功能,拥有声誉的投行承销可以有效降低IPO折价率。然而随着近年来实证证据的研究进展,研究者们发现投行声誉有可能和IPO折价率无关甚至正相关。因此,近年对IPO市场中投资银行金融功能的研究从多个方面进行了拓展。我们从以下几方面介绍近年投资银行在IPO承销业务中的金融功能研究的新进展。第一,从发行公司和投资银行相互选择的内生影响效应出发解释投资银行金融功能;第二,从投资银行采取多种IPO价格确定机制视角出发解释投资银行处理市场信息的功能;第三,从投资银行IPO承销前的业务活动以及承销后的后市支持视角解释投行的发行价格制定以外的其他金融服务功能;第四,讨论投资银行有可能利用IPO市场的信息不对称,出于自身利益考虑而损害客户利益造成的代理问题对投资银行金融功能发挥造成的影响。本节最后介绍从产业组织公司金融互动视角和行为金融视角出发的对投资银行金融功能的研究。

### 2.3.1 早期文献强调投资银行针对IPO发行公司的信息鉴证和信息生产功能

和二级市场已上市公司的持续信息披露相比,由于IPO市场的发行公司首次向公众投资者披露关于其筹资项目的信息,因此信息不对称程度尤其严

---

① 吴晓求,《中国资本市场20年》,2010年。

重。早期研究者如罗格（Logue，1973）以及伊博森（Ibbotson，1975）都观察到 IPO 折价发行的现象，扬齐维斯特（Ljungqvist，2007）关于 IPO 市场研究的经典综述表明，全球所有经济体各个时期的 IPO 市场都存在显著的 IPO 折价现象，并且指出，解释 IPO 折价的最主要因素是发行公司和投资者之间的信息不对称，信息不对称程度越高，IPO 折价也就越大。早期对投资银行金融功能的研究正是从解决 IPO 市场信息不对称视角展开的。

布恩和史密斯（Booth & Smith，1986）的理论模型认为，缓解 IPO 市场信息不对称的主要机制是引入拥有声誉的投资银行承销股票发行。不同于发行公司的 IPO 发行是和投资者之间的一次交易，由于投资银行需要在 IPO 市场与投资者进行反复博弈，因此，投资银行拥有激励形成并维护自身的"声誉资本"。卡特和马纳斯特（Carter & Manaster，1990）认为投行声誉可以吸引那些高质量低风险的发行公司，这些发行公司通过选择具有声誉的投资银行向市场发出关于自身质量的信号，因此，投行声誉可以起到一种鉴证作用（certification）。谢姆努尔和富尔吉耶里（Chemmanur & Fulghieri，1994）则从信息生产（information production）的视角强调投行声誉是通过投资银行设立更加严格的对发行公司的审查机制建立起来，不同于卡特和马纳斯特（1990）模型中投行声誉是历史形成因而是外生给定的，谢姆努尔和富尔吉耶里（1994）模型把投行建立并维护声誉视为模型内生变量，拥有声誉的投资银行由于投入更多成本挖掘发行公司的真实信息，因而平均而言可以选择更加高质量低风险的发行公司成为客户。

尽管早期对投行声誉功能的研究大都支持投行声誉功能降低信息不对称程度从而降低 IPO 折价率的结论，但是近年的实证研究则发现投行声誉和 IPO 折价率不相关甚至呈正向相关关系。迈克利和肖（Michaely & Shaw，1994）使用投资银行的资本金规模度量投行声誉，对 1984 至 1988 年的美国 IPO 市场开展实证研究，卡特等（1998）则运用 IPO 墓碑公告中承销商排名对投资银行进行打分，度量投行声誉，上述研究都发现投行声誉显著降低了 IPO 折价率，较好地支持了投资银行在 IPO 市场中的信息鉴证和信息生产功能。然而，库尼（Cooney et al.，2001）对 1981 至 1998 年的美国 IPO 市场研究表明，进入 20 世纪 90 年代后，投行声誉和 IPO 折价率呈正相关。罗格等（Logue et al., 2002）则发现投行声誉和 IPO 折价不存在显著的相关关系，该文解释原因是 IPO 市场中的投资银行承销活动越来越复杂，罗格等（2002）发现正式承销前的投行造势活动，以及 IPO 股票发行后的投资银行后市支持活动对于 IPO 折价率及发行后的股票长期收益率影响越来越大。正是由于发现投资银行声誉功能和 IPO 折价率不存在早期理论研究所预测的简单负向相关关系，近年的理论和实证研究从发行公司与投资银行相互选择、投资银行代理问题等多个方面对投资银行在 IPO 承销市场上的金融功能研究进行拓展。

### 2.3.2 发行公司与投资银行相互选择是否影响投行金融功能发挥

哈比和扬齐维斯特（Habib & Ljungqvist, 2001）对 1991 至 1995 年的美国 IPO 市场开展实证研究，发现如果运用普通最小二乘估计方法解释投行声誉功能对 IPO 折价率的影响，将会出现正向影响，也即拥有声誉的投资银行反而导致更高的 IPO 折价率。哈比和扬齐维斯特（2001）对此的解释是，发行公司对于投资银行的选择是经过其对于发行付出的成本以及折价率权衡之后进行的，因此投资银行的选择事实上是内生的，这导致最小二乘估计出现有偏结果。运用 Probit 回归方法，哈比和扬齐维斯特（2001）发现公司特征以及发行特征都会影响发行公司对投资银行的选择，公司规模越大、盈利率越低，花费在股票推介活动中的费用越高，以及公司的发行股票占总股份的比率越高，这些因素都会导致发行公司通过降低 IPO 折价率得到的利益越多，因此也就越有可能聘请拥有声誉的投行承销。在运用两阶段最小二乘方法控制了投资银行的选择效应后，哈比和扬齐维斯特（2001）发现投行声誉对 IPO 折价率的影响由正向变化为负向，尽管不具有统计上的显著性。

费尔南多等（Fernando et al., 2005）进一步拓展了哈比和扬齐维斯特（2001）的研究，不仅允许发行公司对投资银行的选择，同时也考虑投资银行对发行公司的选择效应。发行公司将根据投资银行的信息鉴证能力、股票推介及销售能力等标准进行选择，同样投资银行也将根据发行规模、顺利发行的难易程度以及发行公司未来进行后续股票融资的可能性来选择发行公司。因此，更高能力的投资银行将和从投资银行视角看能为其带来更高费用收入的发行公司相互选择。费尔南多等（2005）针对美国市场 1970 至 2000 年 13 059 个 IPO 以及股权再融资样本开展实证研究，支持了拥有声誉的投资银行和高质量发行公司相互选择的推论。这一推论间接地表明，以往实证研究简单地考察投资银行声誉功能对 IPO 折价率的影响有可能受到投行和发行公司相互选择效应的影响。

金等（Kim et al.，2010）采取三阶段最小二乘方法考虑了 IPO 折价率与投资银行承销费用相互之间的内生影响。由于在一定程度上，投资银行对 IPO 发行公司的收费度量了投资银行和发行公司的相互选择效应，因此金等（2010）的结论也就克服了以往研究仅仅单方面考察投资银行功能对 IPO 折价率影响的缺陷。金等（2010）的结论是 IPO 折价率和投资银行承销费用呈现互补关系，因此可以把承销费用理解为投资银行的直接收费，而 IPO 折价率则是投资银行的间接收费。并且低质量的发行公司不仅要向投资银行交纳更高的发行费用，同时也面临更高的 IPO 折价率。

### 2.3.3 投资银行有效汇总并处理投资者信息的功能

早期对投资银行金融功能的研究更多地强调拥有声誉的投资银行对发行公司信息的鉴证功能和信息生产功能。然而，在 IPO 发行市场，虽然和单个投资者相比，发行公司有可能拥有更多信息，而投资者整体却有可能拥有比发行公司更多的信息。因此，近年对投资银行金融功能研究的一个拓展是强调投资银行有效汇总并处理投资者信息的功能。

#### 2.3.3.1 累计投标询价的使用与投资者信息处理

舍曼和蒂特曼（Sherman & Titman，2002）指出，不同于早期投资银行在 IPO 发行中采取固定价格的定价方式，近年来越来越多的投资银行采取更为复杂的累计投标询价的 IPO 定价机制。在累计投标询价中，投资银行可以决定邀请哪些投资者参与询价，参与询价的投资者随后对于 IPO 的价格及其认购需求提供初步信息，最后投资银行根据这些信息确定发行价格并决定给予投资者分配的股份份额。由于投资者拥有或分析发行公司的信息需要付出成本，投资银行为了得到更多关于发行公司的信息需要给予投资者更多折价。因此，最终投资银行将在得到更多信息的收益和给予更高 IPO 折价的成本权衡上进行选择。科尔内利和戈德里克（Cornelli & Goldreich, 2001, 2003）对投资银行采取更为复杂的累计投标询价制度从而有效汇总并处理投资者信息的金融功能提供了实证支持。科尔内利和戈德里克（2001）获得投资银行累计投标询价的具体数据并把参与报价的投资者分为两类，一类投资者在报价时提供了具体的认购价位以及意愿认购数量，而另一类投资者则只提供了愿意以市场价格认购的意向。科尔内利和戈德里克（2003）发现前一类投资者的报价确实提供了关于 IPO 发行定价的有价值的信息，而科尔内利和戈德里克（2001）则提供了投资银行把更多股份分配给前一类提供了信息的投资者的实证证据。阿加沃尔等（Aggarwal et al., 2002）分析了 1997 至 1998 年 9 家投资银行承销的 164 个 IPO 样本，发现机构投资者参与询价将增加 IPO 发行价格调整的可能性，并且机构投资者也获得了更多的股份分配，而更多的机构投资者参与也会导致更高的 IPO 折价，这支持了投资银行同时采取股份分配和 IPO 折价的方式获得投资者信息的功能。

除了采取累计投标询价的方法激励投资者提供更多有价值的信息，投资银行还可能选择在发行前通过尽职调查的方法替代累计投标询价产生信息。那么投资银行通过累计投票询价处理投资者信息和尽职调查揭示发行公司信息两者是否存在相互替代的关系？汉利和霍贝格（Hanley & Hoberg, 2010）研究表明，投资银行在发行前的尽职调查中产生更多的信息，将导致 IPO 折价率下降 8%，从而可以减少通过累计投票询价对投资者信息处理的需求。

### 2.3.3.2 投资银行调整发行前价格对 IPO 折价率的影响

里特（Ritter, 2011）对近期研究文献的梳理表明，投资银行通过对发行前价格调整来反映投资者信息，因此投资银行对发行前价格的调整对 IPO 折价率具有很强的解释力。投资银行通常会在发行前制定一个价格区间，在接受投资者初步报价后，投资银行会根据其对投资者认购意向信息的挖掘分析而对发行价格进行调整。里特（2011）指出，如果这一价格向下调整，则 IPO 折价率几乎为零，也即没有折价；而如果这一价格向上调整，则 IPO 折价率急剧上升，平均约为 50% 上下。阿加沃尔等（2002）提供了投资银行调整发行前价格以反映投资者信息的实证证据，阿加沃尔等（2002）对 1997 至 1998 年共 9 家投资银行承销的 164 个 IPO 样本开展的实证研究表明，当机构投资者向投资银行提供了对发行公司股份高需求的信息后，投资银行对发行价格上调的同时也增加了 IPO 折价率或者向这些机构投资者分配更多 IPO 股份。扬齐维斯特和威廉（Ljungqvist & Wilhelm，2002）也提供了类似的实证证据，针对法国、德国、英国和美国的 IPO 样本研究显示，投资银行对 IPO 价格的正向调整会导致投资银行分配给机构投资者更多的股份或者给予更高的 IPO 折价率，然而 IPO 折价率和分配给机构投资者的股份数量却是负相关的，这表明投资银行只采取股份数量或者 IPO 折价率两者之一作为机构投资者提供信息的补偿。

最近的研究如恩斯（Ince，2010）表明，投资银行对发行前价格的调整取决于投资客户提供信息所揭示的对 IPO 股份的需求状况，并且这种调整是非对称的。如果投资客户揭示了发行股份的负面信息，则投资银行将调整发行价格以充分反映负面信息，然而，如果投资客户揭示了发行股份的正面信息，则投资银行对发行价格的调整程度大约只反映了信息的 21% 左右。为什么投资银行没有充分调整价格以反映正面信息，里特（2011）认为有可能是因为投资银行激励不足，并且价格充分上调也意味着发行失败的可能性更高。如何使投资银行更加充分地调整价格使之反映市场信息，詹金森和琼斯（Jenkinson & Jones，2009）对欧洲投资银行的实践进行了分析，发现欧洲的 IPO 发行公司往往聘用一家投资银行提供发行前准备工作的咨询服务，而延迟决定对承担定价及股份推介工作的投资银行的聘用决策，因此，更多投资银行参与信息处理和 IPO 定价有助于使投资银行充分调整价格反映市场信息。里特（2011）还指出，香港 IPO 市场中的部分发行公司向投资银行支付了激励费用，这将有助于投资银行对发行价格的充分调整。

## 2.3.4 投资银行提供非价格制定服务对其金融功能的影响

近年来更多的研究发现投资银行除了通过承销活动中的股票定价和推介等功能影响发行公司 IPO 折价率，投资银行还有可能通过承销前的融资、提供分析师报告以及承销后的后市支持等非价格服务对 IPO 折价率产生影响。刘和里特（2011）的论文为理解投资银行提供的非价格服务金融功能的重要性提供了重要的理论框架。刘和里特（2011）理论模型建立在对 IPO 市场发行公司对投资银行服务供求分析的基础上，尽管投资银行服务的供给市场竞争充分，但是由于发行客户重视获得如明星分析师报告、特定行业经验等非价格制定服务，而这些非价格服务是相对稀缺的，这导致投资银行可以在细分市场上获得一定的垄断力量。因此，刘和里特（2011）理论模型解释了众多投资银行充分竞争的市场供给和发行客户愿意接受高 IPO 折价率并存的现状，同时也对投资银行提供融资服务、明星分析师报告、后市支持等其他金融功能的重要性给出了合理解释。

### 2.3.4.1 融资关系是否有助于增强投资银行在 IPO 市场中的信息鉴证功能

沙哈那（Schenone，2004）和杜阿尔特－席瓦尔（Duarte-Silva，2010）都讨论了投资银行和发行公司之间的融资关系对投资银行信息鉴证金融功能的影响，随着美国对分业经营监管的放松，很多投资银行由于自身或者隶属的金融集团对发行公司提供贷款因而拥有对发行公司的私人信息，因此，这类投资银行通过和发行公司建立融资关系，从而更大程度地发挥了股票承销中的信息鉴证功能，降低了发行公司和投资者之间的信息不对称。沙哈那（2004）实证发现，和没有建立融资关系的发行样本相比，IPO 发行之前建立的投资银行与发行公司之间的融资关系能够降低 IPO 折价率大约 17% 的幅度。杜阿尔特－席瓦尔（2010）提供的实证证据则基于已上市公司股权再融资样本，同样发现投资银行和发行公司之间的融资关系有助于降低发行公司和市场之间的信息不对称。然而，查普林斯基和欧文（Chaplinsky & Erwin，2009）却给出了相反的证据，通过对比研究 30 家收购投资银行建立 IPO 承销服务的商业银行在收购后的投行业务与收购前的独立投资银行承销业务，查普林斯基和欧文（2009）并没有发现商业银行和客户之间的融资关系有助于商业银行承销业务的开展，反而发现商业银行在收购投资银行业务后出现承销业务的下滑。查普林斯基和欧文（2009）对此现象的解释是商业银行和客户之间的融资关系与投资银行承销业务之间很难实现协同效应。

### 2.3.4.2　分析师报告与投行承销是利益冲突还是功能互补

投资银行内部的分析师团队通过参与 IPO 路演过程的推介活动以及在 IPO 发行后为公司股票价格提供分析预测，从而在 IPO 承销前后发挥重要作用并对投资银行在 IPO 市场的金融功能发挥存在着重要影响。然而近年的研究对于分析师预测和投资银行承销功能之间是存在利益冲突还是功能互补存在较大争议。克利夫和丹尼斯（Cliff & Denis，2004）对美国 IPO 市场 1993 至 2000 年共 1 050 个样本的实证研究表明，IPO 折价率和分析师给出投资建议的频率以及强烈买入的推荐正向相关，这支持了发行公司为了获得投资银行的分析师服务而愿意向投资银行付出高折价率的成本。方和安田（Fang & Yasuda，2009）针对美国 IPO 市场 1983 至 2002 年的样本实证研究也发现，利益冲突导致投资银行的分析师更有可能给予发行公司买入推荐，并且这种利益冲突的影响对于拥有声誉的投资银行中的非明星分析师尤其显著。高等（Gao et al.，2011）进一步指出，投资银行捆绑 IPO 承销服务以及随后的分析师报告自从 1993 年以来已经成为投资银行业务活动的常规。马丁（Martin，2010）则发现，IPO 发行中的牵头投资银行内部分析师更有可能在发行后的原股东持有股份解禁期结束前给予乐观推荐。

另一方面，斯宾德勒（Spindler，2006）认为，投资银行为发行公司提供的分析师服务有利于投资银行金融功能的发挥。分析师报告为投资银行在 IPO 承销活动中的信息鉴证提供了另一条发布信息的渠道，从而有助于投资银行功能发挥缓解发行公司和投资者之间信息不对称。此外，分析师对于发行公司信息挖掘上的投入还将缓解投资银行和发行公司之间的代理问题。斯宾德勒（2006）上述推论也间接地得到了扬齐维斯特等（Ljungqvist et al.，2006）提供的实证支持，扬齐维斯特等（2006）发现就投资银行的行业整体而言，并不存在分析师报告和投资银行承销业务的利益冲突，发布过于乐观的分析师报告也无助于投资银行获取承销业务。刘和里特（2011）通过分析1993至2008年的美国市场IPO样本发现，由于发行公司重视获得投资银行的明星分析师报告和投资银行拥有的特定行业经验，因此宁愿付出高折价率的成本，这导致同时提供明星分析师服务的投资银行承销IPO折价率提高9%，而同时拥有特定行业经验的投资银行承销IPO折价率将提高3%～5%。因此，从刘和里特（2011）的观点看，分析师报告和特定行业经验和投资银行股票承销功能存在相互促进功能互补的关系。

扬齐维斯特等（2009）对投资银行提供的分析师报告给出了另一个解释，投资银行主动提供分析师报告或者更积极的分析预测，其目的是为了获得当前的联合承销资格，而联合承销资格使投资银行现在和发行客户建立起业务关系，这将有助于将来获得利润率更高的主承销业务。因此分析师报告提供了一个机制，使新建立或没有声誉的投资银行有可能参与和拥有声誉的投资银行的竞争，而竞争有利于投资银行金融功能的发挥。

### 2.3.4.3 投资银行是否为IPO发行公司提供持续监督功能

投资银行除了为IPO发行公司提供发行前的信息生产和鉴证以及定价服务外，是否还能在发行公司上市后提供持续监督功能？从理论上来说，投资银行有可能提供持续监督的金融服务，然而在实证中，投资银行在IPO发行上市后的持续监督金融功能和上市前的信息鉴证功能很难区分。科夭勒（Kovner，2012）利用2008美国金融危机提供的自然实验检验了投资银行对于其已经通过IPO发行上市后的发行客户的重要性。科夭勒（2012）发现金融危机中贝尔斯登、雷曼兄弟、美林证券和美联银行陷入困境对于其已经通过IPO发行上市的公司股价存在显著的负面影响，这些公司在其投资银行陷入困境的窗口期内累计下跌5%。而对于那些拥有机构投资者或大股东为公司提供监督服务的上市公司而言，其股价的负面反应要小得多。

和科夭勒（2012）采取的研究场景及实证方法相类似，费尔南多等（Fernando et al.，2012）也利用 2008 年美国金融危机中美国五大顶级投资银行之一的雷曼兄弟倒闭这一事件作为独特自然实验场景开展实证研究，从而检验投资银行业务关系对其已发行上市客户的重要性，并且这一研究也检验了投资银行为公司客户提供多种金融功能和服务的相对重要性。费尔南多等（2012）发现投资银行的股票承销功能对于公司客户而言最为重要，在雷曼兄弟倒闭前十年内获得过雷曼兄弟股票承销服务的公司客户在其倒闭的 7 天窗口期内平均损失 4.85% 的股票市值（经 Fama-French-Carhart 四因素模型调整后），这意味着大约 230 亿美元的市值损失。与此形成对照的是，单独获得雷曼兄弟其他金融服务的公司客户并没有表现出显著的市值损失。费尔南多等（2012）的研究首次表明了投资银行股票承销金融功能在投资银行多种金融服务中的相对重要地位，同时也支持了科夭勒（2012）提出的投资银行为 IPO 发行公司提供持续监督功能的重要性。

### 2.3.5 IPO 市场中的代理问题对投资银行金融功能的影响

#### 2.3.5.1 投资客户以交易佣金转移 IPO 折价收益

IPO 市场中的信息不对称是投资银行金融功能发挥的重要前提，但与此同时，信息不对称也造成了投资银行和发行公司之间的代理问题。投资银行作为一个独立的追求自身利益最大化的金融中介机构，也拥有激励利用 IPO 市场高度的信息不对称，为自身谋求利益。（Loughran & Ritter，2002，2004）以及路透（Reuter，2006）都表明，在 20 世纪 90 年代末网络股、高科技股上市高峰期间，由于新兴的高科技行业很难在短期内被普通投资者理解，IPO 市场信息不对称程度急剧上升，此时投资银行利用在承销过程中分配股份的权力为自身谋求利益。路透（2006）提供的一个实证证据是，共同基金因为认购得到高折价的股份而赚取的每一美元，大约有 85 美分被投资银行以客户交易佣金的形式获取，而作为回报，投资银行把更多的 IPO 发行股份分配给相关客户。因此，投资银行拥有激励在信息不对称程度上升的时期进一步提高 IPO 折价率，从而获得更高的私人利益。尼马伦德兰（Nimalendran et al.，2007）和刘与里特（Liu & Ritter，2010）进一步提供了投资银行和投资客户之间利益分配的实证证据。尼马伦德兰（2007）发现，在 IPO 股份分配之后的 6 天内，投资客户通过更多交易高流动性的股票向投资银行输送客户交易佣金，以此换取投资银行给予的 IPO 股份分配，这一实证结果在网络股泡沫期间是显著的。刘和里特（2010）对 1996~2000 年的美国市场 56 个 IPO 样本研究发现，投资银行分配 IPO 股份给予其他公司高管将会导致这些公司更高的 IPO 折价率，而得到股份分配的公司高管将促使该公司更有可能在未来购买这一投资银行的服务。戈尔茨坦（Goldstein et al.，2011）对美国市场 1999 至 2005 年的投资银行通过 IPO 股份分配获得投资者转移收益进行了初步估算，发现投资银行大约获得 IPO 折价收益的 45%，因此代理问题使投资银行拥有激励进一步提高发行公司 IPO 折价率。

### 2.3.5.2 投资银行与投资客户的后市购入协议

投资银行在分配 IPO 股份的时候还有可能和投资客户签订关于后市购入股份的意向协议，例如投资客户在参与累计投票询价的阶段就有可能显示愿意在后市购入 2 倍或 3 倍于其认购 IPO 股份的意向。郝（Hao，2007）首次通过构建模型讨论了后市购入协议对投资银行金融功能的影响。首先，后市购入协议可以使投资银行承销的 IPO 股票价格在后市获得更好的市场表现，同时也节约投资银行的后市支持费用，并且后市购入协议使投资者因为认购到 IPO 股份而获得更多好处，因此投资银行也能间接从分配到 IPO 股份的投资者处得到更多的利益分配。在郝（2007）的模型中，和投资者签订后市购入协议将导致投资银行提高 IPO 发行价格，但同时也更大程度地提高了 IPO 发行后的股票交易价格，因此总体增加了 IPO 折价率，从而增加了投资银行和分配到 IPO 股份的投资者之间的利益分配。由于投资银行和投资者之间的后市购入协议数据很难获得，格里芬等（Griffin et al.，2007）利用美国纳斯达克市场 1997 至 2002 年 IPO 样本的发行和交易数据提供了间接证据。格里芬等（2007）实证发现得到 IPO 发行主承销商分配股份的投资者，平均而言在 IPO 发行后第一个交易日净买入相当于该股票总发行股份 8.79%比率的股份。这些在后市购入股份的投资者主要是机构投资者,并且更多地发生在那些活跃的承销量巨大的投资银行承销的 IPO 样本中尤其是缺乏踊跃认购的 IPO 样本,此外,这些机构投资者买入股份并未被长期持有而是在未来较短时期内被卖出,所有上述实证证据都支持了对 IPO 股份分配拥有更大影响力的投资银行更有可能通过与投资者之间的后市购入协议获得利益,因此也使投资银行拥有更强的激励提高 IPO 折价率。

### 2.3.5.3 在发行公司持有股份能否减轻投资银行的代理问题

实证研究中对投资银行在 IPO 市场中因代理问题损害发行客户利益的直接证据很有限,部分研究从另一视角开展对投资银行代理问题的实证,即如果投资银行在发行客户中有较多的股权投资,那么投资银行和发行客户之间的代理问题是否会减弱。扬齐维斯特和威廉(Ljungqvist & Wilhelm,2003)实证发现,通常投资银行会在发行客户上市前通过下属风险投资机构间接持有发行公司的股权,在 2000 年以前,投资银行在大约 44%左右的发行公司中持有股权。因此,如果投资银行在这些发行公司中持有的股权越多,其代理问题应该越弱,因而其 IPO 折价率应该越低。扬齐维斯特和威廉(2003)针对美国市场 1996 至 2000 年共 2178 个 IPO 样本的实证分析支持了上述推论。李和马苏利斯(Li & Masulis,2003)发现上述结论对非牵头的投资银行仍然成立,但是对于牵头投资银行而言更显著。

## 2.3.6 互动视角及行为金融方向的研究

### 2.3.6.1 产业组织和公司金融交叉视角的投资银行金融功能研究

从产业组织的视角来看,IPO 发行公司和提供股票发行服务的投资银行构成了股票发行的上下游行业,IPO 发行公司提供了可供发行的股票产品,而投资银行则提供股票承销服务。IPO 发行公司所处行业的产业竞争状况对其投资银行的选择从而投资银行金融功能发挥的影响是什么,这一从产业组织和公司金融交叉视角出发对投资银行金融功能的审视将极大地丰富研究者们对投资银行金融功能的认识。目前这一研究还刚刚起步，较有影响的文献为阿斯克尔和扬齐维斯特（Asker & Ljungqvist，2010）。这一研究发现当 IPO 发行公司所处行业竞争较为激烈时，同一行业的竞争对手会避免使用同一投资银行提供的金融服务，目的是为了避免商业信息的泄露。阿斯克尔和扬齐维斯特（2010）利用投资银行合并和部分行业监管放松形成的外生冲击，实证发现如果分别承销同一行业两家竞争对手公司股票发行的投资银行合并，则其中一家公司更换投资银行的概率增加 30%。同样，由于部分行业监管放松造成该行业的竞争程度加剧，也会造成该行业中的发行公司避免使用竞争对手的投资银行。阿斯克尔和扬齐维斯特（2010）进一步发现发行公司避免和竞争对手使用同一投资银行的因素会导致投资银行和其发行客户之间形成较为长期稳定的业务关系并且收取更高的承销费用。

### 2.3.6.2 行为金融视角的投资银行金融功能研究

随着行为金融理论在金融市场研究中的广泛应用，部分文献开始尝试探讨公司 IPO 股票发行中的投资者，以及发行公司的非理性行为对投资银行金融功能的影响，正如扬齐维斯特（2007）所说，行为金融视角的投资银行金融功能研究还处于起步阶段。扬齐维斯特等（2006）较早地建立模型考察投资者的过分乐观预期对于投资银行金融功能的影响，在其模型中，投资银行把股票分配给理性的机构投资者，而机构投资者通过逐步出售股票给乐观预期的投资者获利。因此投资银行的股份分配能力以及防止机构投资者过早出售给乐观预期投资者的能力将会影响 IPO 股票发行的份额、IPO 折价程度以及 IPO 后的股价长期表现。库克等（Cook et al.，2006）对扬齐维斯特（2006）的模型提供了实证支持。库克等（2006）使用美国市场 1993 至 2000 年 IPO 的数据，实证发现投资银行在 IPO 之前的促销努力能够激发投资者乐观预期，而投资者乐观预期程度的增加将提高 IPO 发行价格，并提高投资银行获得的发行费用，并且投资银行的促销努力取得预期成效将使发行公司在 IPO 之后的后续融资中继续聘用该投资银行。扬齐维斯特和威廉（2005）实证检验了关于发行公司的非理性行为对投资银行金融功能影响的理论假说，扬齐维斯特和威廉（2005）发现，运用行为金融视角的指标度量发行公司 CEO 对 IPO 发行中的牵头投资银行的满意程度，结果发现，这一满意程度越高，发行公司在 IPO 后的后续融资中越有可能继续聘用该牵头投资银行，并且，投资银行也因为发行公司的满意程度高而获得更高的承销费用收入。

# 3. 监管制度市场化改革影响投行功能的具体机制分析

本章在上一章讨论了监管制度市场化改革对投资银行金融功能影响的理论框架基础上，进一步探讨监管制度市场化改革影响投行功能的具体机制。

## 3.1 直投业务对投行金融功能影响研究

2007年9月，中金证券和中信证券两家证券公司首先获得直投业务试点资格，于2007年10月成立了直投业务公司。根据中国证券业协会的数据[转引自吴晓求等（2012）]，截至2011年中期，已有34家证券公司取得直投业务资格，其中28家证券公司直投业务子公司已投资项目229个，投资总额达到102亿元。

根据中国证监会2011年7月8日发布的《证券公司直接投资业务监管

指引》，证券公司开展直接投资业务，应当设立子公司（以下简称"直投子公司"），由直投子公司开展业务。直投子公司只限于从事下列业务：（1）使用自有资金对境内企业进行股权投资；（2）为客户提供股权投资的财务顾问服务；（3）设立直投基金，筹集并管理客户资金进行股权投资；（4）在有效控制风险、保持流动性的前提下，以现金管理为目的，将闲置资金投资于依法公开发行的国债、投资级公司债、货币市场基金、央行票据等风险较低、流动性较强的证券，以及证券投资基金、集合资产管理计划或者专项资产管理计划。

从理论上来看，直投业务既有可能增强投资银行的盈利能力和市场竞争力，更为重要的是，拓宽了投资银行收集和处理市场信息的能力，有可能和投资银行原有的 IPO 承销业务及经纪业务、资产管理业务形成协同效应，增强投资银行金融功能的发挥；也有可能使投资银行出于利益导向，在 IPO 承销保荐业务中过度重视向自身直投参与的拟上市公司，甚至因为自身掌握的承销保荐业务资格而低价入股拟上市公司，严重扭曲投资银行应有的金融功能。

正是基于对上述风险控制的考虑，2012 年 11 月 2 日，中国证券业协会印发《证券公司直接投资业务规范》力图对传统 IPO 承销保荐业务与直投业务之间可能存在的风险连接进行规范。该文件规定，证券公司担任拟上市企业首次公开发行股票的辅导机构、财务顾问、保荐机构或者主承销商的，应按照签订有关协议或者实质开展相关业务两个时点孰早的原则，在该时点后直投子公司及其下属机构、直投基金不得对该企业进行投资。直投子公司及其下属机构、直投基金对企业投资，不得以企业聘请证券公司担任保荐机构为前提。

由于证券公司直投业务盈利周期相对较长，投资项目申请上市的时间很难确定，即使顺利上市，证券公司直投业务持有的股权也有一定的锁定期。并且，相关数据披露还不完整，因此，我们主要选择案例研究及描述统计的方法对直投业务如何影响投资银行金融功能开展研究。

我们通过对 2009 年 10 月 30 日至 2010 年 9 月 2 日期间上市的 117 家上市公司的股份变动情况进行初步统计，可以观察到创业板上市公司的突击入股现象。我们对突击入股的界定标准是：（1）在公司递交上市申请 12 个月前后有增资或转让行为。(2) 未明确增资的资金用途。(3) 入股的股东与公司业务无直接联系。经过统计，共有 19 家上市公司。得到的统计如表 3-1 所示。

**表 3-1 可能存在"突击入股"情况的创业板上市公司**

| 股票简称 | 股份变动时间 | 公司上市时间 | 入股至上市 | 受让方性质 |
| --- | --- | --- | --- | --- |
| 特锐德 | 2009 年 6 月 | 2009 年 10 月 | 3 个月 | 机构 |
| 神州泰岳 | 2009 年 5 月 | 2009 年 10 月 | 5 个月 | 机构 |
| 网宿科技 | 2009 年 9 月 | 2009 年 10 月 | 1 个月 | 机构 |
| 中元华电 | 2009 年 1 月 | 2009 年 10 月 | 9 个月 | 机构 |
| 银江股份 | 2009 年 3 月 | 2009 年 10 月 | 7 个月 | 机构 |
| 吉峰农机 | 2009 年 3~4 月 | 2009 年 10 月 | 6 个月 | 机构、个人 |
| 宝德股份 | 2009 年 3 月 | 2009 年 10 月 | 7 个月 | 个人 |
| 金亚科技 | 2009 年 6 月 | 2009 年 10 月 | 3 个月 | 机构、个人 |
| 阳普医疗 | 2009 年 4 月 | 2009 年 12 月 | 8 个月 | 机构 |
| 钢研高纳 | 2009 年 5 月 | 2009 年 12 月 | 7 个月 | 机构 |
| 华力创通 | 2009 年 2~4 月 | 2010 年 1 月 | 9 个月 | 自然人 |
| 万邦达 | 2009 年 5 月 | 2010 年 2 月 | 9 个月 | 自然人 |
| 海兰信 | 2009 年 3~6 月 | 2010 年 3 月 | 9 个月 | 机构 |
| 华谊嘉信 | 2009 年 4 月 | 2010 年 4 月 | 12 个月 | 自然人 |
| 奥克股份 | 2009 年 6 月 | 2010 年 5 月 | 11 个月 | 自然人、机构 |
| 盛运股份 | 2009 年 6 月 | 2010 年 6 月 | 12 个月 | 机构 |
| 达刚路机 | 2009 年 6 月 | 2010 年 8 月 | 14 个月 | 机构 |
| 向日葵 | 2010 年 6 月 | 2010 年 8 月 | 14 个月 | 个人 |
| 长盈精密 | 2009 年 12 月 | 2010 年 9 月 | 10 个月 | 机构 |

数据来源：根据 117 家创业板上市公司《关于公司设立以来股本演变情况说明》整理。

我们以神州泰岳为例说明公司上市前期的"突击入股"现象[①]。

---

[①] 资料来源：根据《北京神州泰岳软件股份有限公司关于设立以来股本演变情况的说明》、《神州泰岳首次公开发行股票并在创业板上市招股说明书》整理。

神州泰岳（300002）于 2009 年 10 月 30 日登陆深交所创业板市场，是首期上市的 28 家创业板上市公司之一。神州泰岳股份有限公司在自成立至 2009 年 3 月前所涉及的股权演进过程主要是转增股本以及公司对创始人、核心管理人员及对核心技术人员的内部增发，所涉及的股份转让均为无偿或者以 1 元/股的价格。

2009 年 3 月，公司施行了对中层管理人员、技术人员以及业务骨干的内部增发。3 月 18 日，公司 2009 年第一次临时股东大会审议通过了增资扩股方案，以现金增资 3 632 000 股，每股认购价格为 2.5 元，认购对象为主要的公司中层管理团队成员、技术人员和业务骨干，总计 29 人参与了此次认购，认购数量从 20 000 股到 960 000 股不等。

2009 年 5 月，公司引入创投。5 月 18 日，公司分别与汇金立方资本管理有限公司、金石投资有限公司签订了《股份认购协议》，约定汇金立方以货币出资 35 640 000 元，认购 2 700 000 股，金石投资以货币出资 27 720 000 元，认购 2 100 000 股。作价为每股 13.20 元。其中，汇金立方是北京汇金立方投资管理中心的全资子公司，汇金立方投资管理中心成立于 2008 年 5 月，注册资本 5 001.08 万元，属于风险投资咨询管理公司。而金石投资为中信证券股份有限公司的全资子公司。后者的母公司，即中信证券是神州泰岳在创业板上市的保荐人；同时金石投资的董事长担任中信证券的常务副总经理职务；金石投资的其他两名董事均担任中信证券的副总经理职务。此次的增资行动距离神州泰岳上市不到半年时间。此次增资后，汇金立方资本管理有限公司与金石投资有限公司分别持有神州泰岳 2.85% 和 2.22% 的股份。

从上述神州泰岳突击入股案例可以看出券商直投和保荐有可能是造成突击入股的原因之一。进一步地，我们可以从表 3-2 看出，券商直投确实与保荐机构存在较强的联系。根据王一萱的研究，在券商直投入股创业板上市公司的 8 个案例中，有 6 家均为券商直投和保荐机构直接关联，而不相关联的 2 个案例中，"中金公司在保荐东方财富网的过程中本来也要做直投，但中金要求 10 倍市盈率入股、东方财富要求 24 倍市盈率，由于价格没有谈成,所以才由海通开元 24 倍介入。"①

表 3-2　　创业板投资入股中券商直投与保荐机构的关联

| 公司名称 | 券商直投 | 保荐机构 | 是否关联 |
| --- | --- | --- | --- |
| 神州泰岳 | 金石投资 | 中信证券股份有限公司 | 是 |
| 银江股份 | 海通开元投资有限公司 | 海通证券股份有限公司 | 是 |
| 机器人 | 金石投资 | 中信证券股份有限公司 | 是 |
| 阳普医疗 | 国信弘盛 | 信达证券股份有限公司 | 否 |
| 金龙机电 | 国信弘盛 | 国信证券股份有限公司 | 是 |
| 钢研高纳 | 国信弘盛 | 国信证券股份有限公司 | 是 |
| 东方财富 | 海通开元投资有限公司 | 中国国际金融有限公司 | 否 |
| 三川股份 | 国信弘盛投资有限公司 | 国信证券股份有限公司 | 是 |

资料来源:引自王一萱:《创投等机构投资创业板公司行为特征及问题建议》,载《证券市场导报》2010 年第 11 期。

进一步地,我们从表 3-3 可以考察创业板上市公司机构入股时间,券商直投从投资创业板拟上市公司到公司上市平均投资时间只有 9 个月,远低于创投机构的两年 4 个月和私募机构的两年 5 个月的平均投资时间。

表 3-3　　创业板上市公司机构入股时间比较

|  | 平均投资时间 | 最早投资时间 | 最晚投资时间 | 2007 年后投资案例占比 |
| --- | --- | --- | --- | --- |
| 全部机构 | 2 年 3 个月 | 1999 年 9 月 | 2009 年 7 月 | 86.92% |
| 创投机构 | 2 年 4 个月 | 1999 年 9 月 | 2009 年 6 月 | 84.52% |
| 私募机构 | 2 年 5 个月 | 2000 年 12 月 | 2009 年 6 月 | 89.47% |
| 券商直投 | 9 个月 | 2008 年 5 月 | 2009 年 7 月 | 100.00% |

资料来源:引自王一萱:《创投等机构投资创业板公司行为特征及问题建议》,载《证券市场导报》2010 年第 11 期。

---

① 王一萱:《创投等机构投资创业板公司行为特征及问题建议》,载《证券市场导报》2010 年第 11 期。

## 3.2
## 保荐人制度对投资银行金融功能发挥的影响研究

2003年12月28日,中国证监会发布《证券发行上市保荐制度暂行办法》(以下简称《暂行办法》),决定从2004年2月1日起正式实施股票发行的保荐人制度,从此,中国股票市场新股发行制度进入保荐制时期(保荐制初期存在保荐制和通道制并存的情况,中国证券业协会2005年1月发布《关于废止证券公司推荐发行申请有关工作方案规定的通知》,标志着通道制的正式结束),保荐制也是迄今为止一直施行的新股发行制度。

根据《暂行办法》的规定,保荐机构与保荐人实行注册登记,其中保荐机构需为综合类证券公司,申请成为保荐人的,除应当具有证券从业资格、取得执业证书外,还需具有相关的投资银行业务经验并通过保荐人资格考试等条件。

根据要求,股份有限公司首次公开发行股票和上市公司发行新股、可转换公司债券实行保荐制。保荐机构应当诚实守信,勤勉尽责,尽职推荐发行人证券发行上市,持续督导发行人履行相关义务,应当建立健全保荐工作的内部控制体系、尽职调查制度、内部核查制度、持续督导制度、持续培训制度和档案制度。

保荐机构履行保荐职责应当指定保荐代表人具体负责保荐工作,中国证监会或证券交易所只接受由保荐人推荐的发行或上市申请文件。同时,中国证监会建立保荐信用监管系统,对保荐机构和保荐代表人进行持续动态的注册登记管理。

可以看出,保荐制实质上是强化了中介机构的责任,作为保荐人和保荐机构需要对上市公司进行尽职调查和辅导,同时还要在公司上市后承担一定年限的持续督导义务,保荐人与中介机构对上市公司行为做出背书并承担相应的责任,因而能够强化对上市公司的外部监督力量,加强对上市公司质量的约束,推进资本市场参与方的诚信建设。

在保荐人制度具体推行的过程中，也出现了很多的问题，首先，也是受到最多批评的问题，就是保荐人制度异化为少数人的"特权阶层"。相比于数量众多的拟上市公司，中国证券业协会的保荐人资格考试通过率一直维持在非常低的水平，所以间接造成保荐人资源供不应求。保荐人不但可以拿到非常高的年薪以及参与项目获得一定的提成，同时还可以通过"签字费"、"安家费"等名目众多的方式获得收益。但相比于保荐人高昂的收入，其工作的性质和承担的责任明显不对等。一方面，通过保荐人资格考试，成为保荐人或者"准保荐人"只能说明从业人员具备了优秀的考试能力，但实际操作中的项目运作能力、开发客户能力以及与其他中介机构如会计师事务所、资产评估机构、律师事务所等中介机构的协调能力方面，初出茅庐的保荐人还有很多需要提高的地方。另一方面，保荐人制度的初衷是强化保荐人与保荐机构的责任，并借以实现对拟上市公司的市场化约束，但由于保荐人是公司保荐业务开展的重要前提条件，而保荐人资源的稀缺，使得保荐机构难以对保荐人进行绩效的考核与评估并加以约束，难以对保荐人进行有效的监督和管理。这无疑弱化了保荐机构的职能。从实际情况看，保荐人"高跳槽率"和高流动性也很好地说明了这一问题。

其次，保荐人承担的法律责任与收益不匹配，根据《证券发行上市保荐业务管理办法》的规定，如果出现公开发行证券上市当年营业利润比上年下滑50%以上等情形，中国证监会可根据情节轻重，自确认之日起3个月到12个月内不受理相关保荐代表人具体负责的推荐；情节特别严重的，撤销相关人员的保荐代表人资格；如果出现证券发行募集文件等申请文件存在虚假记载、误导性陈述或者重大遗漏等情形，中国证监会自确认之日起暂停保荐机构的保荐机构资格3个月，撤销相关人员的保荐代表人资格。出现上市当年营业利润大幅下降，保荐人受到的处罚仅仅是证监会3个月到12个月内不受理保荐人的保荐，而对于虚假记载、误导性陈述或者重大遗漏的处罚，保荐人最多也就是被撤销保荐资格，可见这样的处罚相比于广大投资者的损失而言是多么的微不足道，和保荐人动辄上百万的高薪形成鲜明的对比。

## 3.3
## 高薪激励、行业竞争与政府隐性担保对投行功能的综合影响——一个博弈论模型

### 3.3.1 薪酬激励设计和投资银行选择高风险业务的偏好

薪酬激励设计作为解决现代公司中的委托代理问题的途径之一而被广泛使用,实证研究表明,实行基于绩效的薪酬激励可以提高员工积极性,进而提升公司业绩[参见 Jensen and Murphy(1990),Murphy(1999),Hall and Liebman(1998)等]。在一定意义上,美国投资银行历史上之所以能取得如此辉煌的业绩,与其强的薪酬激励设计有关。投资银行 CEO 薪酬结构通常由基本薪酬、年度奖金、长期激励和各种福利津贴四个部分组成①。其中,基本薪酬所占的比例很小,其余绝大部分为与投行绩效挂钩的绩效薪酬②。据美国证券行业和金融市场协会(SIFMA)统计,从 2001 年到 2008 年第三季度,美国证券业的薪酬数额占行业总收入的 30%,占净收入的 49%,而其中投资银行所占的比例更高。2007 年,虽然有三家创出季度亏损纪录,五大投资银行仍然向其 18.6 万名员工发放了 660 亿美元的薪金,其中包括 390 亿美元奖金。平均每名员工得到 35.3 万美元,其中奖金 21.1 万美元。而五家公司 2003~2007 年的净利润总额仅为 930 亿美元。特别值得一提的是,投行高管的收入令人咋舌。2003~2007 年五年间,五家投资

---

① 其中,基本薪酬,通常数额固定,每月支付一次或两次(也有按周支付)。年度奖金,通常每年支付一次,以公司业绩为衡量标准,公司业绩越好,员工的收入也就越高。中长期激励,主要是股权激励,包括股票期权、股票增值权、虚拟股票等。股权激励以公司长期绩效为考察标准,公司经营状况好,股票价格高,员工从股票上获得的收入也高。福利计划,分为法定福利与公司内部福利,包括养老金计划、医疗计划、寿险计划、伤残计划等。此外,还有成为各类俱乐部会员、享用公司汽车与飞机、长假、公费娱乐与旅游等待遇。

② 按照马广奇,《在美国投资银行 CEO 的薪酬中》,绩效薪酬通常为基本薪酬的 3 倍。

银行CEO薪金总额高达31亿美元。其中,高盛CEO薪金为8.59亿美元,贝尔斯登CEO薪金为6.09亿美元[①]。

投行高比例的绩效薪酬使CEO及其主要业务人员有很强的激励积极开拓业务,提高公司绩效,以期获得高的报酬。其结果是,投行CEO及其主要业务人员为了追求投资项目的高收益,甚至不惜投资于次级按揭贷款债券及其衍生品等存在过度风险的产品。特别是,在上述激励合约下,如果投行冒险成功,CEO可以获得很高的收入;即使冒险失败,投行CEO也可以获得基薪,而不必承担其他连带责任。例如,2008年受金融危机的影响,高盛公司全年净利润为23.20亿美元。摊薄后每普通股盈利4.47美元,远远低于2007年摊薄后每普通股盈利24.73美元[②]。其CEO虽然未能获得分红和股票期权等奖励,但仍拿到了总额为110万美元的基薪[③]。

基于上述直觉,本节的博弈在提供薪酬激励的投行股东(或代表股东的董事会及其薪酬委员会)和CEO之间展开。投行股东首先决定是否对CEO实行基于绩效的薪酬激励,CEO在观察到投行股东的行动后决定选择高风险还是低风险业务。为了简化分析,我们假设,投行股东和CEO对于对方的特性、战略空间和支付函数具有完全的知识。现在考虑市场上有高风险和低风险两种投资产品的情形。我们假设高风险产品由于可能发生违约而无法收回本金(此时收益标准化为0),如果不发生违约,则可以获得较高的收益 $Y_H$。其违约率为 $P$,$0 < P < 1$。假设低风险产品发生违约的概率非常小以至于可以忽略不计,因而可以获得固定收益 $Y_L$,其中 $0 < Y_L < Y_H$。这里,一个高风险产品很好的现实例子是次级按揭贷款债券及其衍生品,而低风险产品则可以理解为国债等收益相对固定的产品。

按照经典的委托代理理论[参见 Holmstrom(1979)、Holmstrom and Milgrom(1987)等],投行股东向CEO提供的薪酬激励合约可以描述为 $W = S + bY$。其中 $S$ 是CEO可以获得的基薪;$b$ 是CEO分享投行剩余的比例,即薪

---

① 数据来源:Bloomberg,"Wall Street Executives Made $3 Billion Before Crisis",http://www.bloomberg.com/apps/news?pid=20601109&refer=home&sid=a96vQtgKS3BM.

② 数据来源:高盛公司2008年年度报告"2008 Form 10-K"。

③ 数据来源:高盛公司2009年年度报告"Proxy Statement for 2009 Annual Meeting of Shareholders"。

酬激励比例（奖金系数），$0<b<1$；$Y$ 是投行的净剩余（反映企业绩效）。在向 CEO 支付薪酬后，剩余部分 $(1-b)Y-S$ 归投行股东所有。当投行选择高风险业务时，与低风险业务相比，CEO 需要付出更多的精力去控制和管理风险。因此，我们假设，CEO 投资高风险项目付出的努力为 $C_H$，CEO 投资低风险项目付出的努力为 $C_L$，满足 $C_H>C_L>0$。

当投行股东实行薪酬激励时，如果 CEO 选择高风险业务，投行股东获得的期望收益为 $[(1-b)Y_H-S](1-P)+(-S)P$，CEO 获得的期望报酬为 $(S+bY_H)(1-P)+SP-C_H$；如果 CEO 选择低风险业务，投行股东的期望收益为 $(1-b)Y_L-S$，而 CEO 的期望报酬为 $S+bY_L-C_L$。当投行股东不实行薪酬激励时，无论 CEO 为企业带来多少收益，股东只对 CEO 支付基薪 $S$，此时投行股东的收益为 $Y-S$。如果 CEO 选择高风险业务，股东的期望收益为 $(Y_H-S)(1-P)+(-S)P$，CEO 的期望报酬为 $S(1-P)+SP-C_H$；如果 CEO 选择低风险业务，股东的期望收益为 $Y_L-S$，CEO 的期望报酬为 $S-C_L$。我们把上述博弈过程总结为图 3-1。

```
                        股东
                       /    \
                  激励/      \不激励
                    /          \
                  CEO           ●
                 /   \         /   \
           高风险/     \低风险  高风险/ \低风险
```

$[(1-b)Y_H-S](1-P)+(-S)P$,   $(1-b)Y_L-S$,   $(Y_H-S)(1-P)+(-S)P$,   $Y_L-S$,

$(S+bY_H)(1-P)+SP-C_H$      $S+bY_L-C_L$     $S(1-P)+SP-C_H$     $S-C_L$

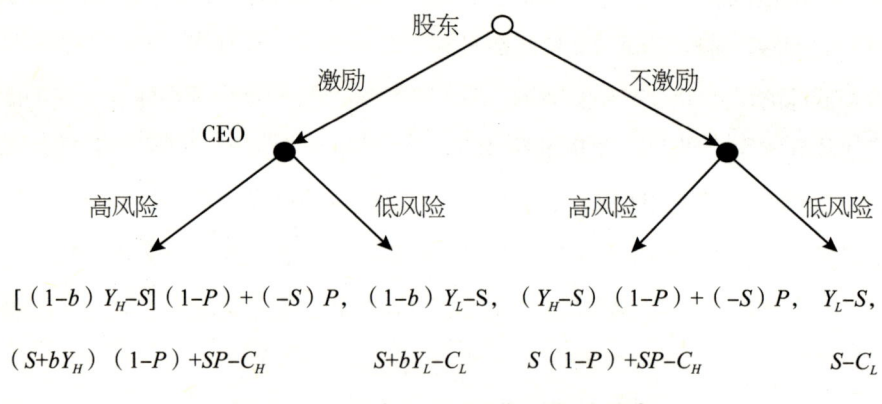

**图 3-1 股东与 CEO 薪酬激励博弈**

利用逆向归纳法求解该博弈的子博弈精练均衡（SPNE），我们容易得到，当 $b<\Delta C/\Delta Y$，或 $b>\Delta Y/[Y_H(1-P)]$ 时，投行股东选择不提供薪酬激励，而 CEO 则选择低风险业务；当 $\Delta C/\Delta Y<b<\Delta Y/[Y_H(1-P)]$ 时，投行股东选择提供薪酬激励，而 CEO 选择高风险业务。其中 $\Delta C=C_H-C_L$，$\Delta Y=Y_H(1-P)-Y_L$。其直觉是，当 $b<\Delta C/\Delta Y$ 时，CEO 能够分享到的高风险业

## 3. 监管制度市场化改革影响投行功能的具体机制分析

务的期望报酬小于选择高风险业务比低风险业务多付出的努力，CEO 将选择低风险业务；此时投行股东并不能从 CEO 选择的低风险业务中获得超额收益，因而选择不提供薪酬激励。当 $\Delta C/\Delta Y < b < \Delta Y/[Y_H(1-P)]$ 时，投行股东通过提供薪酬激励使 CEO 积极开拓业务，可以获得更多的剩余，因而有激励向 CEO 提供高的薪酬激励；给定高的薪酬激励，CEO 从中获得的期望报酬大于选择高风险业务多付出的努力，CEO 倾向于选择高风险业务。而当 $b > \Delta Y/[Y_H(1-P)]$，股东的利益会由于 CEO 选择高风险业务而受损，因而股东将停止对 CEO 提供薪酬激励，CEO 转而选择低风险业务。

我们知道，在美国联邦基准利率偏低和房地产价格持续走高的时期，投资银行通过次级按揭贷款债券发行和交易业务获得了高额收益。源源不断的收入和对市场状况过于乐观的预期导致投资银行（股东）逐渐忽视了自身风险的控制。例如，在次贷危机爆发前，美国次级房屋抵押贷款利率比一般抵押贷款高 2% ~ 3%，相应地，次级按揭贷款债券的年收益率比相同期限较高等级债券的收益率高 30% 左右，而作为对照，10 年期国债收益率大约为 4.3%。与此同时，2005 年，标准普尔公司估计的 A 级次级房屋抵押贷款债券（RMBS）的损失率为 22.2%，BBB 级为 45.9%[①]。因此，给定投行（包括股东和 CEO）对投资高风险的次贷未来乐观的预期收益，我们前面推导的投资银行 CEO 选择高风险业务而股东选择提供高的薪酬激励的条件 $\Delta C/\Delta Y < b < \Delta Y/[Y_H(1-P)]$ 很容易得到满足。此时，投行股东将选择向 CEO 提供薪酬激励，而 CEO 则会选择高风险业务。我们把以上分析总结为结论 1。

结论 1：当 $\Delta C/\Delta Y < b < \Delta Y/[Y_H(1-P)]$ 时，投行股东由于预期投资产品的收益高于付出的激励成本，因而将选择向 CEO 提供薪酬激励。高的激励比例使投行 CEO 预期从业务的扩展中能够获得更高的报酬，于是 CEO 有激励一方面通过大规模举债，另一方面则选择次级贷款债券及其衍生品等有高风险同时可能带来高收益的产品作为投资对象积极拓展业务。

---

① 数据来源：标准普尔公司报告 "Insurers Aren't Immune From Subprime Problems, But They Are Generally Well Protected"，http：//www2. standardandpoors. com/portal/site/sp/en/us/page. article/2,1,1,0,1204835723680. html? vregion = us&vlang = en。

我们看到，投行股东（包括 CEO）对选择包括次级贷款债券在内的高风险业务未来带来高收益的乐观预期，则不仅与在美国联邦基准利率偏低和房地产价格持续上涨的时期，投资银行通过次级按揭贷款债券发行和交易业务获得了高收益的历史事实有关，而且与随着次级贷款债券产品的复杂化和交易链条的拉长，买卖双方的信息不对称加剧有关。

### 3.3.2 投行之间的激烈竞争与"跟风"行为

金融创新的活跃一方面成就了金融衍生品的创造和交易链条延长，另一方面，也使得风险通过上述链条从次级贷款市场开始逐级传导，向整个金融体系扩展。我们知道，抵押贷款担保证券（MBS）、债务担保凭证（CDO）、场外交易的信用违约互换（CDS）等次级贷款衍生产品的价值依赖于其基础资产——次级贷款的收益。从根源上看，则与次级贷款的违约率有关。在投资银行交易决策过程中，重要的影响因素是次级贷款预期违约率。但现实的情形是，次贷的交易双方往往不能确定其未来的违约率，只能或者根据历史数据来预测未来的违约率，或者依赖于信用评级机构的评级结果，或者二者兼而有之。

美国投资银行自 19 世纪初创立以来，其业务范围从政府债券承销逐步扩大，交易的金融工具种类也从传统的股票、债券等发展至涵盖各种类型的衍生工具。但随着金融衍生品日益复杂化和次贷衍生品交易链条的延长，投资银行和信用评级机构的专业人员所拥有的定价、评级技术已经不能满足需要。交易者们对所购买产品拥有的信息愈加减少，甚至卖方对自己所打包的资产价值无法准确定价，买方当然更加不清楚自己所购买的衍生工具价值几何，从而产生了严重的信息不对称。此外，大量的场外衍生品交易又加剧了这一信息不对称，使得原来相对有效的依靠评级机构解决信息不对称问题的现实效果大打折扣。面对金融衍生品市场存在的严重信息不对称，投行如何作出投资决策成为本节关注的问题。

我们注意到，投资银行业面临的另一个现实问题是竞争的不断加剧。其不断加剧的竞争压力一方面来自于投资银行业内现存的激烈竞争态势；另一

## 3. 监管制度市场化改革影响投行功能的具体机制分析

方面则来自于新进入者——商业银行，在混业经营的大环境下向投行业务的渗透。在 1999 年颁布《金融现代化服务法案》（即 Gramm-Leach-Bliley Act，GLBA）之前，美国的金融服务业实行的是分业经营，GLBA 废除了 1933 年《格拉斯－斯蒂格尔法案》中对于混业经营的限制，从法律上消除了商业银行、证券、保险等金融机构的业务边界。美国金融机构通过组建金融控股公司，并购或者投资控股分别独立从事证券、银行、保险业务的子公司实现混业经营。GLBA 法案的实施打破了传统混业经营的限制，商业银行大举进入证券业，涉足投资银行业务，从而加剧了投资银行业的竞争。从 2000 年到 2004 年，美国金融控股公司的数量从 94 家增长为 466 家。截至 2004 年年底，金融控股公司数目占美联储统计的 Y－9C 报告银行控股公司数目的 22%。尽管数量占比低，但金融控股公司的资产占比达到了 86%[①]。特别地，2007 年美国投资银行业的收入占全球投资银行总收入的 53%，国际性大投行云集，地区性投行数量同样众多的美国成为投资银行业竞争最为激烈的国家[②]。

对投资银行业绩的考核基准通常是行业平均水平，虽然投资次贷衍生品的风险无法管理，但是投资带来的总体收益和损失在一定程度上由参与交易的所有投资银行分享，因而单个投行是否投资次贷衍生品将直接影响其收益偏离行业基准的程度。给定投行面临巨大竞争压力，同时对衍生品交易的信息不对称加剧，投行必须根据市场情况和其他交易者的行动来选择自己的投资策略。上述分析构成本节建立次贷危机中投资银行衍生品交易博弈的现实直觉。为了简化分析，我们选择两个代表性投行间衍生品交易的博弈来刻画面临金融衍生品市场存在的严重信息不对称，投行如何作出投资决策的情形。

考虑两家代表性投资银行 A 与 B 选择购买高风险但是期望收益也更高的某种次级贷款衍生品的情形。投资银行 A 和 B 可以选择购买，也可以选择不购买该种次贷衍生品。我们假设如果双方都选择购买，则平均分担次贷

---

[①] 美联储要求银行控股公司每季度递交 FR Y－9C 表格，用于收集银行控股公司的基本财务数据。资料来源：美联储网站，http：//www.federalreserve.gov/reportforms。

[②] 资料来源：维基百科，http：//en.wikipedia.org/wiki/Investment_banking#Size_of_industry。

衍生品的损失和收益；若一方购买而另一方不购买，则购买的一方获得全部期望收益（或者承受全部的损失）。对于净收益为 $Q$ 的次贷衍生品，基于不同的违约率 $P_1$ 或 $P_2$，$0 < P_1 < P_2 < 1$，则投资该次贷衍生品的期望收益为 $Q(1 - P_1)$（或 $P_2$）。

对照投行实践，我们假设，如果投行选择参与某种次贷衍生品的交易，需要付出 $C$ 的沉没性的前期业务开展成本。例如，投行即将推出经过打包和重组的次贷衍生产品，为使该产品获得更多投资者的青睐而开展广告营销等。不参与相关业务的一方将节省前期业务开展成本 $C$。一般地，我们假设当违约率处于较低水平 $P_1$ 的情况下，$Q(1 - P_1) > 2C$，而当违约率处于较高水平 $P_2$ 的情况下，$Q(1 - P_2) < C$。上述假设的现实合理性在于，当违约率较低时，即使两家（甚至多家）投行同时开展某项业务仍有利可图。而当违约率较高时，即使只有一家购买，从而独自承担风险和独享剩余，但仍然会无利可图，甚至发生亏损。这一假设意味着违约率会对投行购买次贷衍生品的决策产生重要影响。不失一般性，我们假设投资银行 A 先进行决策，购买或者不购买次贷衍生品；B 观察到 A 的行动后，再进行决策（见图 3－2）。

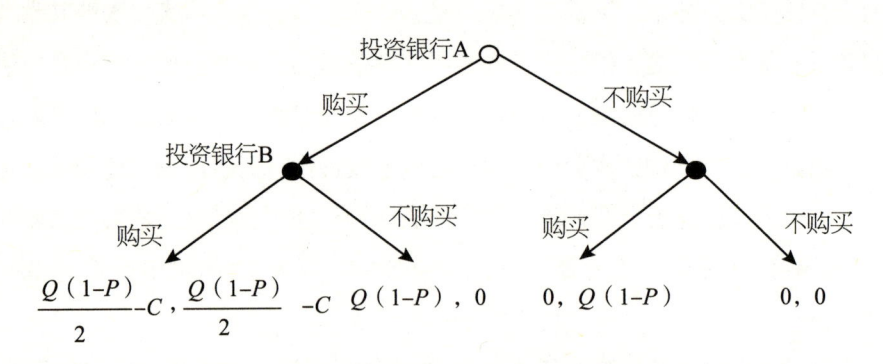

**图 3－2　投资银行之间衍生品交易博弈**

利用逆向归纳法，我们容易得到，如果违约率处于较低的水平 $P_1$ 时，该博弈的子博弈精炼纳什均衡为（购买，购买），此时，投行 A 和 B 所获得的期望收益都为 $\left[\dfrac{Q(1-P_1)}{2} - C, \dfrac{Q(1-P_1)}{2} - C\right]$；如果违约率处于较高的

## 3. 监管制度市场化改革影响投行功能的具体机制分析

水平 $P_2$ 时，上述博弈的子博弈精练纳什均衡是（不购买，不购买），此时，投行 A 和 B 所获得的期望收益是（0，0）。上述分析表明，无论违约率的高低与否，投行 B 的理性选择都是复制投行 A 的决策。预期到投行 B 将选择"跟风"行为，投行 A 将根据对次贷衍生品违约率的预期作出选择，使最终博弈的结果或者表现为（购买，购买），或者表现为（不购买，不购买）。

我们知道，在 2001 年互联网泡沫破灭之后美国处于暂时的经济恢复期，房产价格持续上升。对于往往根据历史数据的趋势和市场状况来计算违约率的投行，容易发现，依据这段时间内的历史数据预测的违约率相对较低。在本书的分析框架下，则意味着首先行动的投行 A 预期违约率在未来一段时间内仍会处于较低水平 $P_1$，因此投行 A 会选择购入高风险高预期收益的次贷衍生品。投行 B 观察到先行动的投行 A 的选择，给定"当违约率较低时，即使两家投行同时购买仍有利可图，而当违约率较高时，即使只有一家购买，从而独自承担风险和独享剩余，但仍然会无利可图"的共同知识，投行 A 的购买行为会强化投行 B 关于违约率处于较低水平的信念，投行 B 会选择"跟风"行为，最终导致博弈的均衡结果是（购买，购买）。事实上，美国次级贷款违约率从 2002 年开始到 2006 年始终处于不断降低的过程中，从 9.60% 逐年减少到 1.71%[①]。而在此期间，次贷衍生产品的发行量则明显增加。2003 年，美国抵押贷款担保证券（MBS）发行额超过了 3 万亿美元，达到历史最高点；2005~2007 年间，债务担保凭证（CDO）的平均发行额超过 4 万亿美元[②]。根据国际互换与衍生品协会的统计数据，截至 2007 年年底，信用违约互换（CDS）的市场规模达到了 62 万亿美元，相当于当年美国 GDP 的 4.5 倍。而国际清算银行的统计数据显示，规模庞大的 CDS 市场中，投资银行是主要的交易者之一。

我们把上述分析总结为结论 2。

---

[①] 数据来源：中国社会科学院经济学部赴美考察团：《美国次贷危机考察报告》（根据美国抵押贷款银行家协会提供的数据整理）。

[②] 数据来源：美国证券行业和金融市场协会（Securities Industry and Financial Markets Association）。

结论2：由于信息不对称，无论次级贷款的违约率位于何种水平，投资银行在决定是否购买高风险的次贷衍生品时依赖于其他参与者的决策。而在市场一致预期违约率较低的阶段，投资银行都会选择购买，这一决策特征使得整个投资银行业陷入高风险业务经营的泥潭，为次贷危机后期独立投行业务的终结埋下了伏笔。

从上面的讨论中，很自然地引发出的问题是，为什么先行动的投行 A 会选择购买高风险的次贷衍生品（最终使选择跟风战略的投行 B 误入歧途，并加剧整个金融体系的风险）？除了本节前面给出的基于历史数据做出错误的预测外，则可能与以下两种因素有关。其一，是本章第2节分析的投资银行薪酬激励设计。投资银行股东引入薪酬激励机制，以期激发 CEO 及其主要业务人员提升业绩的积极性，但同时也激发了 CEO 等的高风险业务选择偏好。在不断提升的激励比例刺激下，投资银行经营决策者必然会参与到次贷衍生品的交易中。其二，则可能与政府救市的隐性担保导致投行对未来的预期过于乐观进而影响了投资银行的决策有关。事实上，从次级贷款证券化产品产生之初，就有政府的力量活跃其中。房利美、房地美两家机构几乎持有全美房贷的50%，是 MBS 市场的主要参与者，而这两家机构就是美国政府为了解决银行房贷的流动性而成立的政府支持机构（GSE）。另一更加直接的政府担保行为就是"救市"，即由政府直接或间接承担商业银行、投资银行等金融机构的全部或者部分损失。在对政府隐性担保行为的预期之下，投资银行 CEO 及其主要业务人员预期到选择高风险业务给其自身带来的成本更小，自然会选择高风险的投资机会，参与到高风险次贷产品的交易活动中。下面一节将围绕政府行为和提供的隐性担保对投行选择高风险业务的影响展开分析。

### 3.3.3 政府行为和投资银行经营选择

政府行为在导致投资银行高风险经营的原因方面有两个：一是对投资银行日常经营监管的缺失；二是危机发生之后的救助。

面对日益激烈的竞争和层出不穷的产品创新，相应的监管机构对投资银行,并没有像对商业银行那样制定并实施有效的监管,从而导致投资银行聚集了巨大的风险。在美国,与商业银行在资本充足率、经营及管理标准、实施巴塞尔资本协议等多方面受到货币监理署(OCC)、美联储(FED)、联邦存款保险公司(FDIC)等的严格监管不同,投资银行这类证券机构名义上受证券交易委员会(SEC)的监管,其主要监管目标是投资银行和资产管理公司的证券经纪业务。之前,对投资银行净资本有明确的监管要求[①]。但从 2004 年开始,SEC 引入了一种新的净资本计算规则,通过运用数学模型来计算市场和衍生品相关的信用风险的净资本需求量,而无需再遵循负债与净资本的比例限制要求等[②]。在监管体系方面,1999 年,《金融服务现代化法案》开始实施,打破了自 1933 年以来的分业经营限制,在监管上则强调功能监管,实行分业监管,即相应行业的监管机构仍然承担其原本的监管责任[③]。这种"混业经营,分业监管"的监管体系存在着监管盲点,如场外交易(OTC)金融衍生产品没有明确纳入某个监管机构的监管框架下。在信息披露和会计标准方面,投资银行业务创新日新月异,对于大量结构复杂的金融创新产品,监管机构却没有要求相应的信息披露标准,也没有对这些产品的会计估值、风险衡量等制定统一的标准。

而另一方面,在这场由美国次贷危机引发的金融危机中,美国政府在危机初始时期就采取了一系列行动阻止危机蔓延,以稳定市场信心,包括向市场注入流动性,接管房地美和房利美等。事实上,由于对失业、金融市场动荡、市场信心缺失、危机扩大到其他行业进而引起经济衰退等问题的担心,历史经验表明,几乎所有的金融危机发生时,美联储均通过公开市场操作、贴现率调整或降低利息等方式,缓解市场流动性,力保金融体系稳定,防止恐慌性抛售。例如,2001 年美国的互联网泡沫破灭,纳斯达克指数从 5 000 点狂跌至 2 000 点。美联储对此采取了持续的扩张性政策,有效地救助了股

---

① SEC 从 1965 年起将净资本纳入监管范围,要求证券经纪商的负债不超过其净资本的 20 倍。1975 年,SEC 又制定了"统一净资本规则",要求证券经纪商的净资本不少于 25 万美元,或者负债不超过净资本的 15 倍。并制定了净资本计算标准。

② Alternative Net Capital Requirements for Broker-Dealers That Are Part of Consolidated Supervised Entities, Release No. 34-49830; File No. S7-21-03.

③ 例如,对于金融控股公司的监管,银行类子公司由美联储、货币监理署等监管,证券类子公司由证券交易委员会监管,保险类子公司由州保险署监管等。

市。1987年10月由美国道·琼斯指数引发的全球性股灾发生后,白宫发表声明鼓舞市场信心,美联储购买大量国债,并且在一天内下调联邦基金利率0.75个百分点。

长期以来,理论界对政府救助引发的道德风险问题开展了大量研究。布坎南(Buchanan,1975)等提出"萨玛利亚人困境"(Samaritan's dilemma),即指对未来援助的预期可能诱使人们过度消费,通过故意恶化自己处境的方法来获得更多资源。同样的情形,在此次危机中,如果政府在发生危机时不救助,由于金融机构破产势必导致金融市场动荡,经济下滑,社会极不稳定等。政府虽然会对个别金融机构的破产无动于衷,但是当金融机构普遍陷入困境,预期将发生大规模金融危机时,政府这时候绝不会坐视不管,政府将选择救助。预期到政府选择救助,投资银行将选择高风险业务,因为高风险业务带给投行的收益要大于低风险业务所产生的收益,而且它们也不用为高风险经营的损失承担全部责任。因此,当市场上存在政府救助的强烈预期时,投资银行的道德风险倾向加强,反而会铤而走险,选择高风险业务。事实上,克鲁格曼(Krugman,1998)曾经指出,由于政府对于银行负债的隐性担保带来的道德风险会导致银行等金融中介机构的过度投资,引发资产价格上涨,使得一国的金融体系更加脆弱。下面通过建立博弈模型来具体展开分析。

考虑政府和(代表性)投资银行围绕政府救助和经营决策展开的动态博弈。假设政府通过有效的监管对投资银行的特征、经营情况等信息有完全的把握,投资银行也对政府的救助政策等有清楚的了解。投资银行先行动,选择高风险或者低风险业务;政府在观察到投资银行的经营决策后,在投资银行陷入困境时选择救助,还是不救助。

当投资银行选择低风险业务,政府选择救助时,政府获得的支付为 $U - G_L$,投资银行获得的支付为 $R_L$。其中,$U$ 为政府从投资银行没有破产而带来的社会稳定中获得的福利,$G_L$ 为政府救助陷入困境的低风险经营的投资银行的投入,并且 $U - G_L > 0$。在政府救助的情况下,投资银行不仅不用担心走向破产的境地,并且可以获得 $R_L$。当投资银行选择低风险业务,政府选择不救助时,由于投资银行的破产,导致社会失业人口的增加和社会的不稳定，政府获得的支付为 $-U_L$，而投资银行经营失败的损失为 $-L_L$。

当投资银行选择高风险经营，政府选择救助时，政府获得的支付为 $U-G_H$，投资银行获得的支付为 $R_H$。其中，$G_H$ 为政府救助陷入困境的高风险经营的投资银行的投入，由于选择高风险业务银行的损失更大，因此政府救助所需的投入更多，$G_H > G_L$。$R_H$ 为投资银行选择高风险业务的期望收益，满足 $R_H > R_L$。当投资银行选择高风险经营，政府选择不救助时，由于投资银行破产导致居民失业，金融市场动荡，经济下滑，社会不稳定，政府获得的支付为 $-U_H$。投资银行经营失败的损失为 $-L_H$。由于投资银行高风险经营的损失更大，产生的社会负面影响也更大，因此 $-U_H < -U_L$，$-L_H < -L_L$。我们把该博弈过程总结为图 3-3。

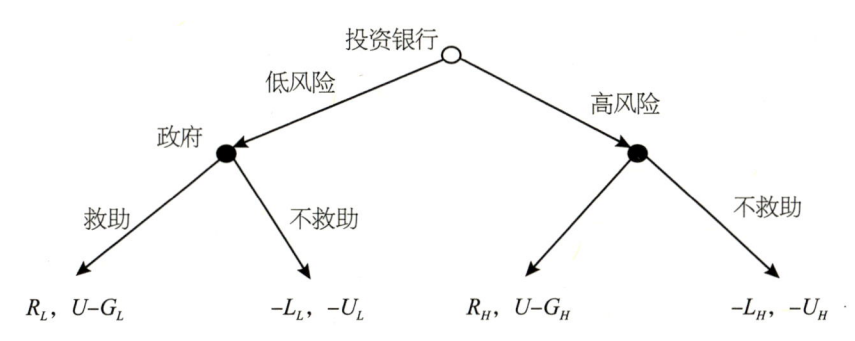

**图 3-3　政府救助和投资银行经营选择博弈**

我们看到，无论投行选择低还是高风险业务，由于政府救助带来的收益大于不救助带来的收益（$U-G_L > -U_L$，或者 $U-G_H > -U_H$），政府将选择救助。理性预期到政府选择救助，投行将选择高风险业务，而不是低风险业务，因为高风险业务带给投行的收益要大于低风险业务所产生的收益（$R_H > R_L$）。因此，当市场上存在政府救助的强烈预期时，投资银行的道德风险倾向加强，反而会铤而走险，选择高风险业务。事实上，如果投资银行在选择经营行为前，观察到政府每次对陷入困境的金融机构都会实施救助，如历史上美国政府的历次救市行为，那么就会形成投资银行对政府救助的预期，而这种预期会加剧投行的道德风险行为。如果进一步放松政府监管有效，从而获得投行经营业务完全信息的假设，而是引入由于政府监管缺失导致的对投行从事高风险业务的不完全信息，我们将得出类似的结论。我们把上面的分析总结为结论3。

结论3：政府在历次危机中的救市行为将强化投行对政府救助的预期。政府救市于是成为一种隐性承诺，这相当于为投资银行选择高风险业务购买了保险，使投资银行更加肆无忌惮地选择高风险业务。

### 3.3.4 讨论：三种因素的综合

从上面的分析中，我们看到，上述三种因素（过高的薪酬激励比例、信息不对称和竞争环境下的跟风行为、政府救市的隐性承诺和监管缺失）不是孤立地发挥作用，而是互相加强，最终导致了投资银行偏好高风险业务。我们可以用图3-4来概括上述三种因素之间的相互关系。

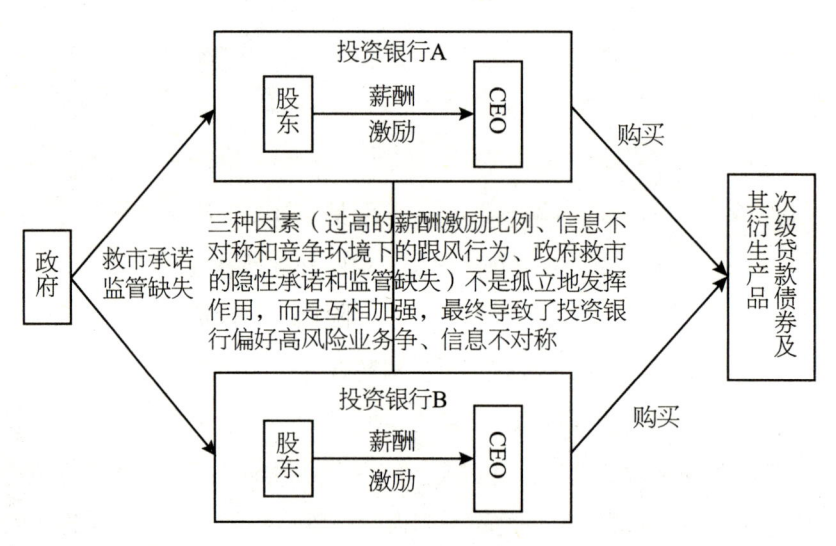

图3-4 投资银行高风险经营行为形成机制

首先，在政府救市隐性承诺和监管缺失下，投资银行的股东对未来收益预期乐观，从而设计过高的薪酬激励比例，诱使CEO选择高风险业务。

我们在图3-1所刻画的模型的基础上，引入政府救市。如果政府在次贷衍生品发生违约时，选择救助，将导致预期违约率 $P$ 的下降，则投行股东选择激励，CEO 选择高风险业务需要满足的条件 $\Delta C/\Delta Y < b < \Delta Y/[Y_H(1-P)]$ 的实现区域会扩大，因而股东可能对 CEO 提供更高比例的薪酬激励。我们考虑政府采取对投资银行直接注资的情形作为例子。我们假设政府注资为 $A$，则股东的收益为 $[(1-b)Y_H - S](1-P) + (A-S)P$。股东选择激励，CEO 选择高风险的条件为 $\Delta C/\Delta Y < b < (\Delta Y + AP)/[Y_H(1-P)]$。容易证明该情形下的薪酬激励比例上限大于不存在政府救助情况下的上限。这意味着，与不存在政府救助的情形相比，存在政府救助将使投行股东更倾向于选择对 CEO 实施薪酬激励。CEO 受到基于业绩的绩效薪酬的诱惑，在政府没有资本金方面的硬性规定下，通过提高财务杠杆比率和选择其他高风险业务，最大限度提高公司业绩，以获得更多的报酬成为投行 CEO 及其主要业务人员的理性选择。

其次，政府监管缺失加剧了信息不对称，再加上政府"隐性救助承诺"的担保，则投资品预期违约率的高低对投资银行决策的影响力下降，投资银行将更倾向于选择可能带来高收益的高风险业务。

由于政府缺乏对投资银行信息披露的内容、时间、标准等的规定，也没有制定统一的会计入账标准。投资银行对交易对象——次级贷款衍生品的风险特征不明晰，也缺乏有效的定价方法，使得投资银行购买这些衍生品的损益无法事先估算，也无法进行卓有成效的风险管理。投资银行在对作为基础资产的次级贷款违约率的预期上过度依赖信用评级机构的评级结果，而在决策时考虑的重要因素则是市场上其他投资银行的行为。上节的分析表明，无论违约率的高低与否，投行 B 的理性选择都是复制投行 A 的决策。预期到投行 B 将选择"跟风"行为，投行 A 将根据对次贷衍生品违约率的预期作出选择，使最终博弈的结果或者表现为（购买，购买），或者表现为（不购买，不购买）。在对政府担保行为的预期之下，投资银行预期高风险业务给其自身带来的成本更小，自然会选择高风险的投资机会，投资次贷产品。此时，均衡（购买，购买）将出现。由此可见，在有信息不对称问题的交易环境中，政府隐性救市承诺会导致投资银行在市场上疯狂追逐高风险投资机会，程度的严重与否取决于政府承担损失的力度。

### 3.3.5 本节分析结论和经验含义

在最近席卷全球的金融风暴中，美国投资银行由于投资高风险的次级按揭贷款债券及其衍生品和高杠杆经营等而饱受诟病，并最终导致独立投行模式的终结。本节试图通过对投资银行内部薪酬激励设计、投资银行之间衍生品交易，以及政府行为和投资银行经营选择的博弈分析来揭示投资银行偏好高风险业务背后的原因。本节的研究表明，高的 CEO 薪酬激励比例、信息不对称和竞争环境下的跟风行为、政府救市的隐性承诺和监管缺失均是导致投资银行偏好高风险业务的直接诱因，而上述三方面因素的综合则使投资银行偏好高风险业务的倾向进一步加强，不可避免地使投行陷入难以自拔的困境。

从本节的论述中，我们可以得到围绕投行选择高风险业务的四个经验含义，它们构成未来开展实证研究的原假设。

其一，投资银行选择高风险业务与投行 CEO 薪酬激励强度正相关。

激励机制，特别是与公司业绩相关的薪酬激励，虽然可以在一定程度上解决委托代理问题，使 CEO 以及主要业务人员的利益与股东利益一致，为公司创造更多的利润，但是过高的薪酬激励比例，以短期公司业绩为考察指标的不合理的制度设计，也会使经营者为获得高报酬，盲目追求高收益，而忽视风险。投资银行过高偏好高风险业务一定程度是不合理的薪酬激励设计所导致。因此，投资银行应该在 CEO 以及主要业务人员薪酬激励设计方面进行适当改进，使激励机制与风险约束机制相匹配。设计合理的激励比例，应该以风险和收益综合指标作为薪酬激励指标，用长期薪酬激励合约代替短期激励等，让 CEO 以及主要业务人员既能分享公司投资收益，又能防止进行风险过高的投资（参见黄明，2002；Hall and Murphy，2003，等）。

其二，投资银行选择高风险业务与其他投行参与相关业务的程度和投行本身竞争程度呈正相关。

愈加复杂的金融产品对投资银行控制与管理风险的能力提出了更高的要求。由于信息不对称和激烈的竞争，投资银行在决策时一方面依赖评级机构的评级结果，另一方面，则依赖于市场上其他投资银行的决策。通过观察其他投资银行的行为，解读这些行为背后所反映的信息，并据此来作出决策。基于更多的市场参与者将共同分担风险的预期，投行在经营战略的选择上将采取跟风行为。这样导致的结果是，无论次级贷款的违约率处于何种水平，只要有投资银行决定购买高风险的次级贷款产品，其他投行就会纷纷跟进，导致整个行业的风险进一步加剧。因此，政府应该采取一系列旨在增强市场透明度、促进信息传递的政策措施，加强对衍生产品风险的监管，以减少信息不对称带来的负面效应。

其三，投资银行选择高风险业务与（历史上）存在政府救助行为和监管缺失呈正相关。

在市场出现危机时，政府如果不出手救助陷入困境的投资银行或其他市场主体，会使市场陷入持续的动荡，进而导致经济的下滑和整个社会福利的下降。所以，一般地，无论民主还是专制政府，都会在市场陷入巨大困境时进行干预。政府对市场救助于是成为一种隐性承诺。但是如果政府出手救助处于混乱中的市场，并使市场形成一种预期，反而会加剧投资银行的道德风险倾向，选择高风险业务。

其四，政府救市的隐性承诺和监管缺失会强化投资银行由于薪酬激励和投行之间竞争而选择高风险业务的效应。

一方面，政府救市的隐性承诺和监管缺失强化了投资银行由于薪酬激励而选择高风险业务的效应。如果政府对陷入困境的投资银行实施救助，那么投资银行高风险经营失败产生的部分损失就由投资银行的股东转为由政府承担。因此股东有激励提供更强的薪酬激励设计。CEO 在高薪酬的诱惑下，扩大资产规模，并寻找高收益的投资机会。次级贷款债券及其衍生品尽管伴随着较高的违约率，但由于可能带来较高的收益率，而成为投行青睐的投资对象。另一方面，政府救市的隐性承诺和监管缺失强化了投行之间竞争选择高风险业务的效应。我们知道，由于政府监管缺失，随着金融衍生品的创造和交易链条延长，某些复杂的衍生品甚至无法准确衡量其风险。此时政府救市的隐性担保会使一些投行不惜铤而走险。部分投行铤而走险的结果无疑会使基于更多的市场参与者将共同分担风险的预期选择跟风战略的其他投行误入歧途。跟风行为反过来又加剧了市场整体的风险，最终导致了所谓"百年一遇的金融海啸"[①]。

本节分析表明，政府在救市政策的制定上必须保持慎而又慎的态度。事实上，美国政府在金融稳定政策制定过程中经历了从最初主张由政府直接购买问题企业的呆坏账，到持有问题企业的（不具有参与微观主体经营决策的投票权并随时准备退出）优先股，到提供贷款担保的转变[②]。这种转变的背后一定程度上体现了美国政府在制度设计上对政府救市隐性承诺会加剧问题企业道德风险行为的思考。而一些企业在美国政府救市行动中所暴露出来的丑闻更是向相关政策的制定者敲响了警钟[③]。

---

[①] 前美联储主席格林斯潘在美国众议院的听证会上把全球经历的金融危机称为"百年一遇的金融海啸"。

[②] 例如，2008年次贷危机影响进一步扩大后，美国政府最初制定的7 000亿美元救市计划（Troubled Asset Relief Program，TARP）中，资金的用途主要是购买银行不良资产。而在10月14日公布的具体措施则显示，2 500亿美元将用于购买金融机构的优先股。同时，美国联邦储蓄保险公司（FDIC）将为债务及无利息存款提供担保。参见美国财政部（US Treasury）公告"Joint Statement by Treasury, Federal Reserve and FDIC"，http：//www.ustreas.gov/press/releases/hp1206.htm；以及"Treasury Announces TARP Capital Purchase Program Description"，http：//www.ustreas.gov/press/releases/hp1207.htm。

[③] 例如，美国国际集团（American International Group）在接受了1 800亿美元的政府注资后，仍向其高管发放了2.18亿美元的奖金，而这些高管对AIG陷入几乎破产的境地难辞其咎。参见新浪财经 http：//finance.sina.com.cn/stock/usstock/c/20090323/05386009208.shtml。

# 4.

# 严格的 IPO 审核机制是否导致投行金融功能扭曲

## ——基于中国主板市场 IPO 样本的实证

## 4.1 政府监管影响投行金融功能的理论分析与实证假说

根据杜巨澜和许成钢（Du and Xu，2009）对中国IPO配额机制的研究，在中国法律环境对投资者保护相对较弱的情况下，中国IPO发行审核采取了省级分权的行政监管制度，即IPO发行的配额制度给予各省遴选国有企业作为拟发行公司。杜巨澜和许成钢（2009）认为，省级配额以及区域竞争导致这一行政监管制度能够选拔出各省较为优质的国有企业发行上市。陈冬华等（2008）也认为，"证券管制机构在各地区间分配IPO资源时，会考虑各地区上市公司发生丑闻的频率和严重程度。""证券监管机构可以将IPO的地区分配与该地区上市公司发生丑闻的频率及其严重程度联系在一起。如果一个地方丑闻频发，或者丑闻造成的投资者损失重大，证券监管机构就可能削减该地区的公司 IPO 的机会，作为惩罚；把机会留给比较清白的地区，作为奖励；同时也降低自己声誉再次受损的概率。"

上述两篇文献都表明，严格的 IPO 审核机制下，监管部门和地方政府之间建立起均衡博弈。地方政府力争增加 IPO 通过率，而监管部门则根据地方政府推荐的发行公司业绩表现相应给予增加或减少额度，由此激励地方政府选拔优质企业发行上市。

伴随着中国股票发行制度的市场化改革，股票发行的配额及额度管理机制早已废除，相应地，地方政府在拟上市公司选拔以及推荐中的作用大为减弱。取而代之的是，证券公司在拟上市公司培育、保荐及推荐上市过程中发挥的作用越来越大。并且，尽管股票发行制度进行了市场化改革，但是 IPO 发行中严格的发行审核制度仍然继续实施。因此，既然股票发行配额管理阶段下地方政府功能发挥作用，那么股票发行市场化改革阶段投资银行的功能应该更为显著。

进一步地，我们观察到，中国 IPO 发行制度中存在监管部门的严格审核，而在一级市场则存在投资者的踊跃认购（观察中国 IPO 发行市场的资金超募以及发行市盈率都可得出这一结论）。投资者在一级市场踊跃认购导致投资银行并不需要花费多少精力开展一级市场的承销工作，其主要任务是协助拟上市公司的 IPO 获得发审委审核通过。

因此，我们提出以下实证假说：

**H1a：在中国严格的 IPO 审核制度下，投资银行的声誉功能更多地表现为协助拟上市公司的 IPO 通过发行审核。**

具体而言，投资银行付出更多努力协助拟上市公司的 IPO 通过证监会组织的发行审核委员会的发行审核，有可能导致投资银行努力选拔出更高质量的拟上市公司，对这些拟上市公司发挥信息鉴证作用或者生产出有用信息，从而导致有声誉的投资银行承销的上市公司在发行上市过程中获得更低的 IPO 折价率，而在上市后表现出更高的长期收益率。也就是说，严格的 IPO 发行审核机制有可能促进投资银行市场功能的实现，投资银行在争取其承销项目获得 IPO 发行审核通过的同时也实现了对拟上市公司的优选机制。

但是另一方面，严格的 IPO 发行审核机制并不必然促进投资银行的市场功能发挥，甚至可能导致严重的逆向选择，即投资银行把大量精力和资源花费在协助拟上市公司通过 IPO 发行审核，而忽视对拟发行公司的信息鉴证及信息生产，从而导致拟发行公司在发行过程中获得更高的 IPO 折价率并在上市后表现出长期的相对低收益率。

因此，严格的 IPO 发行审核机制究竟是促进投资银行金融功能发挥还是会造成投资银行金融功能扭曲，这是一个需要实证研究回答的问题。我们提出对立的实证假说 H2a 和 H2b。

**H2a：严格的 IPO 审核机制有助于投资银行声誉功能发挥，投资银行声誉功能有助于降低 IPO 折价率，并获得长期的相对较高收益率。**

**H2b：严格的 IPO 审核机制将导致投资银行声誉功能扭曲，并不能降低 IPO 折价率，也不能得到长期的相对较高股票投资收益率。**

## 4.2 严格的 IPO 审核监管影响投行金融功能的实证分析

我们以 2009 年 6 月 IPO 重启到 2012 年 11 月初在沪深股市 A 股主板、中小板进行首次公开发行申请获得通过以及未获通过的 674 家公司为研究样本。选择这一时期的原因为，股票发行的保荐人制度直到 2004 年 2 月才开始正式实施，而期间经过股权分置改革，股权分置改革直到 2006 年顺利完成，而我们对投资银行声誉的衡量需要选择声誉建立时期，因此我们选择 2007 和 2008 两年作为投资银行声誉建立时期。而 2008 年 9 月直至 2009 年 6 月中国 IPO 发行暂停，因此，我们选择 2009 年 6 月 IPO 重启后的发行申请为样本。此外，需要注意的是，有部分公司尽管在 IPO 重启后开始 IPO 股份发行，但是其 IPO 审核通过是在 2008 年，这部分样本也包括在我们的研究样本中。另外，由于创业板市场的发行审核标准和主板市场存在较大差异，因此我们在本章的实证研究中没有把创业板市场发行公司包括在内。研究的数据来源均为国泰安经济金融数据库，另有部分数据我们通过手工收集公司年报或预披露的招股说明书获得。

### 4.2.1 回归模型设计

为检验严格的 IPO 审核制度对投资银行声誉功能的影响,我们设计了以下模型进行回归检验。(4.1) 式为 Probit 回归模型,我们以 IPO 发行审核是否通过(Pass,通过为 1,没有通过为 0)这一虚拟变量为被解释变量,以投资银行声誉为主要的解释变量,我们控制拟上市公司的公司层面特征以及发行特征。(4.2) 式①和 (4.3) 式均为普通最小二乘回归,检验投资银行声誉变量是否帮助发行公司获得更低的 IPO 发行折价率以及是否改善发行后的长期股价表现。

$$\text{Pass}_i = \alpha_I + \sum \beta_i \times 投资银行声誉变量 + \sum \gamma_i \times 控制变量 + \varepsilon_i \quad (4.1)$$

$$\text{Underpricing}_i = \alpha_I + \sum \beta_i \times 投资银行声誉变量 \\ + \sum \gamma_i \times 控制变量 + \varepsilon_i \quad (4.2)$$

$$\text{BHAR}_i = \alpha_I + \sum \beta_i \times 投资银行声誉变量 \\ + \sum \gamma_i \times 控制变量 + \varepsilon_i \quad (4.3)$$

### 4.2.2 变量选择与定义

研究选择的被解释变量有三个,分别是衡量拟发行公司申请 IPO 发行审核是否获得通过的虚拟变量(Pass),首次公开发行抑价率的 Underpricing,以及衡量发行后的长期股价表现 BHAR。设 $P_t$ 表示新股上市首日的收盘价,$P_0$ 表示新股的发行价,则 Underpricing 的计算公式为:

$$\text{Underpricing} = \ln(P_t/P_0)$$

我们利用累积法,通过观察新股上市第 2 个交易日至第 251 个交易日的个股持有至到期收益来衡量 IPO 的长期股价表现。具体的计算公式为:

---

① 由于此处的检验结果与第 5 章检验结果是一致的,因此关于实证模型 (4.2) 式的检验结果我们在第 5 章进行更为详细的报告。

$$\text{BHAR}_i = \prod_{t=2}^{251}(1+R_{it}) - \prod_{t=2}^{251}(1+R_{mt})$$

其中 $R_{it}$ 为考虑现金红利再投资的日个股回报率，$R_{mt}$ 为按照流通市值加权的考虑现金红利再投资的市场回报率。

同时我们还结合已有文献考虑了其他可能影响 IPO 抑价与保荐费率的因素并加以控制，我们控制的因素包括：公司从成立到发行的年限；公司新股发行前一年的净资产收益率；本次实际发行的股份数量；以及上市首日市场的收益率情况，我们使用的是按照流通市值加权的 A 股市场指数收益率。此外，我们还按照证监会一级行业分类对样本进行了行业控制与发行年度控制。具体的变量说明如表 4-1 所示。

表 4-1　　　　　　　　　　　变量说明

| | | |
|---|---|---|
| 被解释变量 | Pass | 虚拟变量，通过 IPO 发行审核为 1，没有通过为 0 |
| | underpricing | 设 $P_t$ 表示新股上市首日的收盘价，$P_0$ 表示新股的发行价，则 Underpricing 的计算公式为：Underpricing = ln（$P_t/P_0$） |
| | BHAR | 新股上市第 2 个交易日至第 251 个交易日的个股持有至到期收益来衡量 IPO 的长期股价表现。具体的计算公式为：$$\text{BHAR}_i = \prod_{t=2}^{251}(1+R_{it}) - \prod_{t=2}^{251}(1+R_{mt})$$ |
| 投行声誉变量* | pub | 虚拟变量，根据 2009 年前是否上市划分，上市为 1，未上市为 0 |
| | amount | 虚拟变量，根据证券业协会 2007、2008 两年承销商股票承销业务量进行划分，排名前十为 1，其他为 0 |
| | ms | 虚拟变量，根据 2007、2008 年承销商在各板块承销的上市公司家数进行划分，承销家数在均值以上为 1，均值以下为 0 |
| | jituan | 虚拟变量，根据主承销商是否隶属著名金融集团进行划分，隶属为 1，其他为 0 |

续表

| | | |
|---|---|---|
| 投行声誉变量 | level | 虚拟变量,根据证监会2010年承销商级别排名,A级别以上为1(包含A),A级别以下为0 |
| 控制变量 | setup_time | 公司从成立到申请发行的年限 |
| | roe | 公司申请发行前一年的净资产收益率 |
| | ratio | 公司申请发行的股份数占其申请发行前总股本的比率 |
| | first_share | 公司第一大股东持股比率 |
| | soe | 公司实际控制人是否国有背景,是为1,否为0 |
| | asset | 公司申请发行前一年总资产规模 |
| | return_market | 新股上市当天的市场收益率 |
| | 所属行业 | 行业虚拟变量,根据中国证监会一级行业分类 |
| | 发行年度 | 年度虚拟变量,根据公司发行的年度 |

注:*关于投行声誉变量的设计详见第5章论述。

## 4.2.3 变量描述性统计

进一步的,我们对主要变量进行了样本的描述性统计,从表4-2可以看出,中国股票市场仍存在较高的IPO抑价,865家IPO的平均抑价水平为26.5%,这一数值相比于中国股票市场在股权分置改革之前和2006、2007年二级市场表现良好时期已经有明显下降,但与其他国家地区主要资本市场相比仍处于比较高的水平。保荐机构对首次公开发行收取的保荐费率平均为5.48%,这一数值与其他国家横向比较也处于较高水平,根据托尔斯蒂拉(Torstila,2003),只有美国和加拿大等少数市场IPO保荐费率比中国IPO保荐费率高。

样本期企业从成立到发行的平均年限为8.4年,发行前一年公司的平均净资产收益率为37.4%,新股发行的平均规模取对数后为8.12。我们看到,按照处罚影响时间的不同,在样本期内分别有25.4%、20.8%和13.5%的样本被归入受到证监会处罚的保荐机构保荐的IPO样本中。

### 表4-2  样本描述性统计

|  | 均值 | 中位数 | 标准差 | 样本个数 |
|---|---|---|---|---|
| Pass | 0.810 | 1 | 0.393 | 674 |
| BHAR | 0.0548 | 0.052 | 0.0220 | 357 |
| soe | 0.157 | 0 | 0.364 | 674 |
| setup_time | 9.524 | 9 | 4.918 | 674 |
| roe | 0.354 | 0.313 | 0.171 | 674 |
| Ln（asset） | 11.380 | 11.110 | 1.215 | 674 |
| ratio | 0.333 | 0.313 | 0.067 | 674 |
| first_share | 0.457 | 0.439 | 0.183 | 674 |

#### 4.2.4 回归结果

如表4-3所示，为对投行声誉影响发行审核通过率的Probit回归结果，我们以IPO发行审核是否通过为被解释变量，以投行声誉为主要的解释变量，结果发现五种变量度量的投行声誉变量均对发行审核通过率存在正向影响，并且以投资银行是否上市、承销规模、承销家数三种变量度量的投行声誉对发行审核通过率的影响均是统计显著的。

### 表4-3  投行声誉对发行审核通过率影响的Probit回归

|  | Pass | Pass | Pass | Pass | Pass |
|---|---|---|---|---|---|
| pub | 0.303** (2.088) |  |  |  |  |
| amount |  | 0.258* (1.796) |  |  |  |
| ms |  |  | 0.367** (2.568) |  |  |
| jituan |  |  |  | 0.147 (1.030) |  |
| level |  |  |  |  | 0.022 (0.137) |

续表

|  | Pass | Pass | Pass | Pass | Pass |
|---|---|---|---|---|---|
| ratio | -1.952<br>(-1.173) | -2.054<br>(-1.218) | -1.966<br>(-1.167) | -2.022<br>(-1.208) | -2.043<br>(-1.222) |
| first_share | -3.247***<br>(-7.758) | -3.261***<br>(-7.849) | -3.267***<br>(-7.814) | -3.303***<br>(-7.863) | -3.245***<br>(-7.801) |
| soe | 0.225<br>(0.898) | 0.229<br>(0.917) | 0.244<br>(0.968) | 0.190<br>(0.768) | 0.186<br>(0.755) |
| year_dif | -0.050***<br>(-3.195) | 0.048***<br>(3.091) | -0.048***<br>(-3.075) | -0.049***<br>(-3.127) | -0.048***<br>(-3.105) |
| lnasset | 0.319***<br>(3.193) | 0.288***<br>(2.852) | 0.303***<br>(3.043) | 0.315***<br>(3.158) | 0.315***<br>(3.135) |
| roe | 3.501***<br>(5.809) | 3.413***<br>(5.647) | 3.397***<br>(5.617) | 3.507***<br>(5.857) | 3.499***<br>(5.821) |
| industry | √ | √ | √ | √ | √ |
| year | √ | √ | √ | √ | √ |
| Obs | 674 | 674 | 674 | 674 | 674 |

注：括号内为 z 值，*、**、*** 分别表示在 10%、5% 和 1% 的置信水平下显著。

进一步地，我们对所有在成功通过发行审核后进行了 IPO 的主板市场 520 个样本以发行首日折价率为被解释变量的回归，所有五个变量度量的投资银行声誉均不能显著影响 IPO 折价率，由于此处的回归结果我们在第 5 章有更详细的汇报[①]，为节省篇幅，此处略去回归结果的报告。

我们在表 4-4 中报告投资银行声誉对于 IPO 上市后的股票长期投资收益率的影响。结果发现，以是否上市以及是否隶属于金融集团度量的声誉变量能够在 10% 的显著性水平下提高发行公司上市后的长期股票投资收益率。而其他变量度量的投行声誉变量则结果不一，并且也均不显著。

---

① 尽管样本时期存在差异，但回归结果是完全一致的，这也表明本书开展的实证研究结果并不随样本时期变化而发生变化，实证研究结果是较为稳健的。

表 4-4　投资银行声誉对发行上市后的股票长期投资收益率的影响

|  | (1) BHAR | (2) BHAR | (3) BHAR | (4) BHAR | (5) BHAR |
|---|---|---|---|---|---|
| pubn | 0.067* (1.932) | | | | |
| am7810 | | 0.036 (1.051) | | | |
| ms78 | | | -0.006 (-0.162) | | |
| jituan | | | | 0.058* (1.690) | |
| level | | | | | 0.011 (0.285) |
| Control | √ | √ | √ | √ | √ |
| industry | √ | √ | √ | √ | √ |
| year | √ | √ | √ | √ | √ |
| A. R2 | 0.166 | 0.160 | 0.157 | 0.164 | 0.157 |
| N | 357 | 357 | 357 | 357 | 357 |

注：括号内为 t 值，\*、\*\*、\*\*\* 分别表示在 10%、5% 和 1% 的置信水平下显著。

## 4.3 小　结

本章通过实证检验的方式验证了实证假说 H1a，即在中国严格的 IPO 审核制度下，投资银行的声誉功能更多地表现为协助拟上市公司的 IPO 通过发行审核。而对于对立的实证假说 H2a，严格的 IPO 审核机制有助于投资银行声誉功能发挥，投资银行声誉功能有助于降低 IPO 折价率，并获得长期的相对较高收益率，以及 H2b，即严格的 IPO 审核机制将导致投资银行声誉功能扭曲，并不能降低 IPO 折价率，也不能得到长期的相对较高股票投资收益率，则得到不一致的检验结果。从投行声誉对 IPO 发行折价率的影响看，不存在显著的影响，而从投行声誉对于发行后的股票长期投资收益率看，则表现出一定程度的正向影响。

# 5.

# 市场化改革是否促进投行金融功能发挥

——基于中国创业板制度实施的实证

## 5.1 创业板制度实施与中国投资银行发展

### 5.1.1 创业板制度实施引起的IPO市场信息不对称程度变动

在经历过长期的市盈率管理定价的IPO发行定价制度后，当前中国的主板市场（包括中小企业板块）和2009年10月启动的创业板市场均实行IPO询价制度。发行公司和主承销商必须通过向询价对象询价的方式确定股票发行价格，主承销商向询价对象提供投资价值分析报告，该报告给出估值区间。发行公司人和主承销商可以通过初步询价确定发行价格区间，在发行价格区间内通过累计投标询价确定发行价格，也可以根据初步询价结果确定发行价格，不再进行累计投标询价。因此，主板市场和创业板市场的IPO发行制度以及活跃在这两个市场上的主承销商及投资者并没有显著不同，存在显著差别的是IPO发行公司在规模、成长性、科技含量等企业基本面上的差异，而这些差异显著影响投资者对公司未来经营和公司股票价值的判断。关于创业板和主板IPO发行公司信息不对称程度的差异，我们可以由《首次公开发行股票并在创业板上市管理暂行办法》（证监会第61号令）得到进一步的印证，该管理办法明确指出，创业板市场的发行人应当在招股说明书显要位置作如下提示："本次股票发行后拟在创业板市场上市，该市场具有较高的投资风险。创业板公司具有业绩不稳定、经营风险高、退市风险大等特点，投资者面临较大的市场风险。投资者应充分了解创业板市场的投资风险及本公司所披露的风险因素，审慎作出投资决定。"这是创业板发行公司和主板在IPO发行信息披露时的一个重要差别。因此，我们可以初步判断创业板市场的发行公司与投资者之间信息不对称程度要高于主板，实现对IPO市场信息不对称程度外生变动的确认。对于两个市场信息不对称程度的比较及其不会造成和投行选择的相互影响，我们还将在下文的实证检验中进一步给出证据。

表5-1列出了创业板和主板的公司股票发行标准。和主板市场相比，创业板的发行标准出现整体降低，例如，从公司盈利能力的稳定性来看，创业板只要求两年的主营业务和管理层的稳定，比主板少一年；盈利能力要求上，在缩短连续盈利年限要求的同时降低了利润额，并且更侧重于关注公司的潜在盈利能力，即净利润的增长率。考虑到创业板公司的高科技、高成长性的特点，与主板的上市标准不同，创业板的上市标准并未对净资产中的无形资产占比进行限制。发行条件的放松说明投资者从创业板发行公司处获得的信息量要少于主板市场，而创业板发行公司整体上更强调高科技和高成长性的特点也使这些信息更加难以用于IPO发行中的准确定价。

**表 5 – 1    主板、创业板上市标准及上市申请主要差异比较**

| 项目 | 主板 | 创业板 |
| --- | --- | --- |
| 盈利要求 | （1）最近3个会计年度净利润均为正数且累计超过人民币3 000万元，净利润以扣除非经常性损益前后较低者为计算依据；<br>（2）最近3个会计年度经营活动产生的现金流量净额累计超过人民币5 000万元；或者最近3个会计年度营业收入累计超过人民币3亿元；<br>（3）最近一期不存在未弥补亏损 | 最近两年连续盈利，最近两年净利润累计不少于1 000万元，且持续增长；或者最近一年盈利，且净利润不少于500万元，最近一年营业收入不少于5 000万元，最近两年营业收入增长率均不低于30%（净利润以扣除非经常性损益前后孰低者为计算依据，上述要求为选择性标准，符合其中一条即可） |
| 资产要求 | 最近一期末无形资产（扣除土地使用权、水面养殖权和采矿权等后）占净资产的比例不高于20% | 最近一期末净资产不少于2 000万元 |
| 股本或净资产要求 | 发行前股本总额不少于人民币3 000万元 | 最近一期末净资产不少于2 000万元 |
| 上市申请提交 | （1）发行人应当按照中国证监会的有关规定制作申请文件，由保荐人保荐并向中国证监会申报；<br>（2）特定行业的发行人应当提供管理部门的相关意见 | （1）发行人应当按照中国证监会的有关规定制作申请文件，由保荐人保荐并向中国证监会申报；<br>（2）保荐人应当对发行人的成长性进行尽职调查和审慎判断并出具专项意见。发行人为自主创新企业的，还应当在专项意见中说明发行人的自主创新能力 |

资料来源：根据证监会及深圳证券交易所有关规定整理。

创业板市场是否有可能因为拥有分析能力更加突出、更加复杂的投资者而降低发行公司和投资者之间的信息不对称呢？从主板市场和创业板市场参与的投资者角度看，尽管创业板市场对于投资者开户有一个需要"具备两年交易经验"的特殊要求，但如果投资者审慎评估了自身风险承担能力坚持要申请，只需要在证券公司营业部现场按要求签署《创业板市场投资风险揭示书》，并就自愿承担市场风险抄录"特别声明"就可以实现创业板开户。因此主板市场和创业板市场的投资者构成也不存在实质差异。此外，两个市场 IPO 发行面对的询价对象即机构投资者也是完全相同的，因此，从投资者的角度看不会影响我们对两个市场信息不对称程度差异的判断。

## 5.1.2 中国投资银行上市及其影响

证券公司上市对证券公司声誉的影响可以通过我国证券公司制度的变迁进行分析。

1987 年我国第一家证券公司——"深圳经济特区证券公司"设立。我国证券公司设立之初，浓厚的计划色彩和严格的市场准入限制下的政策保护和行政垄断，对我国证券公司的发展有着巨大的阻碍作用。国有独资公司是当时证券公司的唯一组织模式。

随着我国金融机构商业化和市场化改革的推进。在 1994 年《公司法》和《金融机构管理规定》颁布后，有限责任公司逐渐成为证券公司的组织模式的首选。1997 年前后，为了增资扩股，部分证券公司开始选择股份有限公司的发展模式。

2001 年加入 WTO 后，外资金融机构对于我国金融机构的竞争压力日益凸显。在这种情况下，规模经济和范围经济不再是唯一的竞争优势，充足的资本和良好的公司治理结构逐渐成为证券公司竞争的关键，而国有独资的发展模式使得我国的证券公司普遍缺乏这种竞争力。2006 年《证券公司风险控制指标管理办法》和《关于发布证券公司净资本计算标准的通知》的颁布，确定以净资本为核心的风险控制指标。在这种情况下，为了扩大自身资本、满足净资产的要求以及提升公司治理结构，许多证券公司选择了在通过股份制扩大投资者范围的基础上，进一步寻求上市。

由于我国上市存在着严格的核准制和对公司盈利状况的要求，而证券公司的业绩受市场影响较大，证券公司上市的难度和不确定性加大。借壳上市相对于直接上市而言，具有较小的财务指标压力，因此，许多证券公司选择了借壳上市的方式。

近期证监会发布《关于修改上市公司重大资产重组与配套融资相关规

定的决定》，对借壳上市进行规范，虽然目前金融机构不适用于此借壳上市的规定，但证券公司未来借壳上市的不确定性有所增大。

我们不难看出，随着我国证券公司制度的变迁，我国证券公司的自身发展能力逐步得到提升。由于上市的严格核准制和对公司盈利状况的要求，能够取得上市资格的证券公司通常具有较好的经营状况（即便是借壳上市，证监会也需要对重组方案进行审批）。证券公司上市后，其净资产规模和公司治理结构能够得到进一步的提升和优化，经营绩效和激励机制方面也明显改善，这对于提升证券公司的业务水平具有一定的推动作用。因此，证券公司上市有利于提升自身声誉，使声誉功能得到发挥。

### 5.1.3 证券公司分类管理及其影响

按照证监会出台的《证券公司分类监管规定（2010年修订）》，证监会根据证券公司风险管理能力、市场竞争力和持续合规状况对证券公司进行分类。风险管理能力考查资本充足、公司治理、风险监控、信息系统安全、客户权益保护、信息披露六个方面；市场竞争力考查经纪业务、承销与保荐业务、资产管理业务、成本管理能力、创新能力五个方面；持续合规考查是否受到刑事处罚或者监管及自律纪律处分。

证券公司分类每年进行一次，分为A（AAA、AA、A）、B（BBB、BB、B）、C（CCC、CC、C）、D、E等5大类11个级别。证监会设定正常经营的证券公司基准分为100分，将上述考查方面进行细分并赋予一定加减分值，根据证券公司实际情况进行评分估计，确定证券公司的具体级别。不同类别所反映的证券公司风险管理能力为：A类公司风险管理能力在行业内最高，能较好地控制新业务、新产品方面的风险；B类公司风险管理能力在行业内较高，在市场变化中能较好地控制业务扩张的风险；C类公司风险管理能力与其现有业务相匹配；D类公司风险管理能力低，潜在风险可能超过公司可承受范围；E类公司潜在风险已经变为现实风险，已被采取风险处置措施。

证券公司分类从两个方面有助于券商声誉功能的发挥。第一，证监会依据分类结果对不同风险管理能力的公司实行分类监管，采取不同的措施、施行不同的监管力度，合理配置监管资源，提高监管效率，能够更有效地促进证券公司持续规范发展，从而帮助改善全行业的形象，促进各类券商声誉功能的发挥。第二，证监会依据风险管理能力、市场竞争力的分类客观上也起到了甄别证券公司优劣的作用，级别高的证券公司依据此分类提升了公司的形象，树立起公司的声誉，使证券公司的声誉功能能够更快地建立和提升。

## 5.2 投资银行功能演进——侧重于承销商声誉功能的分析

### 5.2.1 证券公司承销商声誉功能的形成机理

市场的有效性与信息的传递机制息息相关，在证券发行市场特别是 IPO 市场上，发行企业和投资者之间存在着严重的信息不对称。布思（Booth）和史密斯（Smith）（1986）提出的"认证中介理论"对这一问题进行了探讨。该理论认为，发行企业拥有关于企业财务状况、企业业绩的真实信息，有着更准确的对未来发展前景和现金流的预期，而投资者并不拥有这些信息。因此，如果企业通过自身宣布一个发行价格，投资者与发行企业之间的信息不对称会导致投资者的"逆向选择"问题。为减少投资者与发行企业之间的信息不对称程度，发行企业需要值得信任的第三方向投资者传递信息，使投资者相信第三方确定的价格是能够反映企业真实价值的证券发行价格。承销商作为第三方，是信息的生产者，其通过对发行企业进行尽职调查向投资者提供发行企业的价值评估信息。由于承销商相对于投资者更具有信息优势，从而承销商能够减少发行企业和投资者之间的信息不对称问题。

但承销商作为第三方同样存在信息的可信性问题。在这种情况下，声誉机制对于缓解承销商的道德风险，提高承销商信息的可信度起着重要的作用。声誉机制对承销商的约束体现在，承销商参与发行企业的发行上市会对上市企业的价值进行评估,从而确定相应的发行价格。声誉高的承销商确定的发行价格会更倾向于反映企业的真实价值。因为如果在先前的发行中承销商高估企业的价值,那么在其之后的发行承销过程中,投资者只愿意低价购买发行股票,从而容易造成发行失败,并对自己的声誉产生影响。

在声誉功能有效的情况下,预期业绩好的公司管理者为了提高信息的准确性,愿意付出相对较高的代价,聘请声誉好的承销商参与上市发行,因为他们认为信誉好的承销商会向投资者传递正面的、积极的信号,而且,信誉好的承销商为了自身声誉也会选择质量好的企业作为其客户。另一方面,质量较差的企业则不愿意选择声誉好的承销商,因为这些机构揭示的信息可能会向市场传递出该企业质量不好的信号,而且声誉好的承销商为了自身声誉也不会轻易选择质量较差的企业发行上市。其最终的结果是经营业绩好的公司会聘请声誉好的承销商,从而投资者可以根据承销商的声誉来推断上市企业的质量。

## 5.2.2 证券公司承销商声誉功能的历史表现

### 5.2.2.1 已有研究大都认为中国证券公司的承销商声誉功能不显著

承销商声誉对于约束承销商的机会主义行为,提高承销商信息的可信度有着重要作用。对于我国承销商的声誉问题,国内学者对沪深两市上市企业的表现和承销商声誉之间的关系进行了一些研究。

田嘉、占卫华(2000)选取了当时几乎全部 IPO 资料对承销商声誉与 IPO 定价关系进行了研究,发现两者之间不存在显著关系。

胡旭阳(2003)选取了截至 2001 年上半年 578 家上市公司对承销商声誉和 IPO 定价之间的关系进行了研究,发现承销商声誉功能并未发挥显著作用。

刘江会和刘晓亮(2004)选取了 1994 年 7 月至 2003 年 10 月期间上市的 A 股公司的数据,对承销商声誉和 IPO 抑价之间的关系进行了实证研究,研究发现承销商声誉和IPO抑价水平之间关系不显著。刘江会、尹伯成、易行健（2005）选取了1991年到2003年的上市企业数据，对承销商业绩排名和上市公司质量进行了研究，表明承销商声誉与IPO企业质量之间没有显著关系。

郭泓、赵震宇（2006）对2000年到2003年的上市股票数据进行了分段研究，结果显示，承销商声誉对新股定价和IPO初始回报均没有显著影响；承销商声誉与IPO的长期回报之间存在显著的正相关关系。徐浩萍、罗炜（2007）对2002年到2004年中承销商声誉和IPO发行折价之间的关系进行了研究，研究结果表明：市场占有率高且执业质量好的承销商可以显著降低IPO发行折价。

黄春铃、陈峥嵘（2007）对承销商的声誉机制做了阶段性研究。其研究显示发行企业的质量和IPO初始收益率都不是承销商声誉的一个显著性解释变量。

郭海星、万迪昉、吴祖光（2011）对于82家创业板上市企业的发行情况进行了研究，其研究结果表明，承销商声誉功能在创业板仍未能发挥出显著的作用。

由此可以看出，在之前对承销商声誉和发行企业质量之间关系的研究结果大都显示两者之间不存在显著关系。基于承销商声誉功能的形成机理，我们认为，承销商声誉功能的发挥依赖于完善的市场机制。我国的证券市场制度和证券公司制度起初都具有浓厚的计划经济色彩，随着我国相关制度的变迁，我国的市场机制正在逐步地完善。因此，我们认为先前的承销商声誉功能未能发挥显著作用与我国的市场制度和证券公司制度有关。

### 5.2.2.2 承销商声誉功能的有效发挥依赖市场制度和证券公司制度演进

2001年以前新股发行实行审批制。证券市场建立初期，由于法律法规不够健全，市场参与者成熟度不高，上市企业的质量参差不齐，股票发行采取的是审核制，对上市资源进行行政分配，由国家给各级部门规定股票发行额度或企业上市指标，再由后者在额度或指标范围内推荐企业。而且公司股票发行数量和发行价格也由政府确定，在定价方面，证监会以每股税后利润和市盈率作为定价依据，并对市盈率的具体数值作出规定。在审批制下，各级政府是上市资源的分配主体，承销商的功能受到极大的扭曲。直到1999年3月，《股票发行定价分析报告指引试行》发布，证监会将发行人与承销商共同确定的定价分析报告作为核准发行定价的重要依据，企业发行上市的市盈率不再固定。

2001年以后新股发行体制由审批制转向核准制。核准制下，公司发行股票不再需要各级政府批准，只要符合《证券法》和《公司法》的要求，即可申请上市。这一时期，推荐发行人由原来的完全行政手段推荐转变为承销商推荐。证券发行监管机构通过制定一系列的法律法规，制定股票上市的标准和条件，承销商自主选择推荐企业，然后由发行审核委员会对上市申请进行审核。2004年以前，实行的是通道制，即每家承销商只拥有一定数量的通道，每个通道推荐一家企业，通道循环使用。这使得上市企业的数量和节奏得以控制。并且，监管机构对承销商实行不良计分制、通道暂停和扣减等措施，对承销商的行为进行约束。

2004年之后实行的是核准制下的保荐制度，保荐制度要求保荐人对证券的发行上市和承销进行负责，并审核发行企业的真实情况，确保发行信息的真实性和完整性，协助上市企业建立相应的信息披露制度，还要在企业上市后持续督导。发行上市公司出了问题，保荐人就要承担连带责任。

在审批制阶段，企业能否上市并不取决于企业的质量，而是在于企业上市是否符合地方政府的利益。在这种情况下，承销商的竞争力主要在于如何争取到发行额度和发行项目。在核准制下的通道制阶段，由于不良计分制、通道暂停和扣减等措施的存在，承销商需要对上市企业的质量负责，在一定程度上约束了承销商的机会主义行为，提高了承销商的执业水平。但由于通道数量的限制，承销商扩大经营规模的动力受到制约。在核准制下的保荐制度阶段，承销商要对承销上市的企业质量负责，并承担较长期限的法律责任。在这种制度下，承销商采取欺骗投资者的机会主义行为会面临巨大的经营风险，这就构成了对承销商行为的较强约束机制。早期的保荐制度依然存在很多缺陷，如保荐人的审核制度存在缺陷、证券发行的市场化程度不高等，对承销商声誉功能的发挥仍存在较大阻力。如今，保荐制度已经逐渐完善。这种情况会更有利于承销商声誉功能的发挥。

那么，伴随我国证券市场制度的发展和完善，如今我国股票市场上承销商声誉是否发挥了作用？带着这个问题，我们以最新的市场数据为基础，对承销商的声誉功能开展实证研究。

## 5.3
## 创业板市场设立对投资银行声誉功能影响的实证研究

金融市场中 IPO 市场信息不对称程度尤为严重，而在 IPO 市场缓解信息不对称的重要机制是投行声誉（Ritter，2003）。对 IPO 市场的实证研究（Lowry et al.，2010）发现，IPO 市场的一个重要特征是其信息不对称程度随时间和发行公司类别不同而呈现较大变动，那么，当 IPO 市场信息不对称程度发生变动时投行声誉功能的作用如何变化，是增强还是减弱？就我们有限的知识，为回答这一问题提供实证证据的研究非常有限。在介绍实证研究之前，我们先解释两个问题，第一，这一实证研究的价值是什么；第二，如果这一研究是重要的话，为何以往文献对这一问题的实证研究相对缺乏。

第一，这一实证研究的价值是什么？信息不对称是金融市场的基本特征，而金融机构的核心功能之一就是减轻金融市场的信息不对称，从信息不对称的视角开展对金融机构行为和功能的研究自 20 世纪 70 年代以来已经发展成为金融机构和金融市场研究的主流文献［Grossman & Stiglitz（1976），Leland & Pyle（1977）］。但是，金融市场信息不对称程度并非一个确定的值，当金融市场信息不对称程度发生变化时，金融机构解决信息问题的功能将增强还是减弱？对这一问题的研究并没有一致结论。米什金（Mishkin，2012）在其经典的金融教科书中既指出了金融机构最重要的功能是减轻金融市场信息不对称，同时也指出当信息不对称程度急剧上升时金融机构将陷入困境，引发金融危机。方（Fang，2005）对比考察了债券承销中的垃圾债券市场和投资级别以上的债券市场，垃圾债券市场的发行人和投资者之间信息不对称的程度更为严重，方（2005）实证发现垃圾债券承销市场中投行声誉功能更能显著发挥作用，而在投资级别以上的债券承销市场投行声誉功能不显著。这一发现支持了随着金融市场信息不对称程度增加金融机构解决信息问题的功能增强的结论。然而，戈顿（Gorton，2009）对2007年美国金融危机发生原因的研究表明，从次级贷款到证券化资产再到CDO等衍生证券，过长的交易链条导致次级贷款相关证券的信息不对称程度极高，包括贷款银行、参与证券化的顶级投资银行以及投资于次贷证券的投资基金等金融机构缺乏能力有效处理相关信息，因此，金融市场信息不对称程度增加将导致金融机构功能失灵。此外，刘和里特（Liu & Ritter，2010）从代理视角出发，指出信息不对称程度上升时，金融机构从自身利益出发利用信息不对称损害客户利益谋求自身私利。因此，对IPO市场信息不对称程度变动影响投行声誉功能发挥的研究有可能加深我们对金融机构功能发挥条件的理解。

第二，如果这一研究课题是重要的，为何已有文献对这一问题的实证研究相对缺乏？主要原因是对IPO市场信息不对称程度的计量识别存在两个困难。首先，如何对IPO市场信息不对称程度进行有效度量？劳里等（Lowry et al.，2010）指出，IPO市场信息不对称主要来源于拟发行公司未来经营的不确定性，这种不确定性可能受到公司的关键技术、创新产品、新兴行业和复杂的商业模式选择等因素的影响，而这些因素很难量化。扬齐维斯特（Ljungqvist，2007）对IPO市场研究文献的经典综述指出，已有文献选取的反映发行公司层面和投资者之间信息不对称程度的变量非常有限，主要包括反映公司特征的规模变量、财务指标，反映公司发行特征的首次招股数量、募集资金规模，以及公司在招股说明书中披露的风险因素等变量。尽管这些控制变量例如规模变量能够在一定程度上对发行公司和投资者之间的信息不对称程度进行控制，但是更本质的反映公司创新能力和成长潜力的技术手段、新兴的行业结构和商业模式等仍然是导致IPO市场信息不对称的更重要的来源。举例而言，两家采取同一商业模式的公司进行IPO融资，仅仅因为规模不同或者财务指标不同，并不会造成信息不对称程度的严重差异。而如果两家规模相同、财务指标相仿，但是商业模式复杂程度差别极大的公司进行IPO融资，就完全可能存在较高的信息不对称程度差异。而对公司的关键技术、创新产品、新兴行业和复杂的商业模式选择很难量化。这一研究面临的第二个困难在于，很难找到合适的研究场景实现对信息不对称程度变动的外生识别。信息不对称程度变动通常难以避免和投资银行声誉变量相互影响的内生性问题。例如，规模大或者筹资规模高的公司进行 IPO，往往会选择拥有声誉的投资银行（Habib & Ljungqvist，2001），而投资银行在选择 IPO 客户时，也会考虑到客户的风险因素（Fernando et al.，2005），这导致已有文献对投行声誉功能开展实证研究时不可避免遭受内生性问题的批评（Ljungqvist，2007）。凯利和扬齐维斯特（Kelly & Ljungqvist，2012）在研究信息不对称变动对资产定价的影响时，也同样指出实现对信息不对称变动程度外生识别的困难导致这一领域实证证据缺乏。

本节主体内容是选取 2009 至 2011 年同时为创业板和主板两个市场提供承销服务的投资银行承销的 618 个 IPO 样本开展实证研究。我们利用创业板市场的制度设计实现对信息不对称程度变动的计量识别。除了利用传统的根据投资银行承销量及承销金额的排名设计声誉变量外，我们还利用中国证监会对证券公司的分级管理、证券公司是否上市、证券公司是否隶属于金融集团共设计了五个声誉变量。均值差异检验显示投行声誉功能的发挥在创业板市场和主板市场存在显著差异，并且对创业板和主板市场的对比分析也显示创业板市场中的发行公司和投资者之间的信息不对称程度远远高于主板。在考虑公司规模、设立年限、盈利能力等控制因素后建立的多元回归估计显示，投行声誉和创业板市场的交互效应显著，表明投行声誉在创业板市场显著降低了发行公司的 IPO 折价率，这一效应在分样本回归以及利用极大似然估计方法同时估计投行声誉对 IPO 折价率及其方差的影响中都是显著的。进一步利用投行声誉和发行公司股价波动方差的交互效应研究表明，投行声誉在创业板市场发挥作用的机制更多是通过降低高风险公司的 IPO 折价率实现的。而创业板市场投行声誉为投行自身带来更高的承销及保荐费用收入并且也为发行客户带来更高的筹资净额，则进一步增强了研究结论的稳健性。

本节从以下几个方面构成对金融机构解决信息不对称功能研究文献的贡献。

第一，我们在本书开展的实证研究中，借助于 2009 年 9 月中国创业板市场制度实施，对 IPO 市场信息不对称程度变动实现了一个独特的计量识别，这一计量识别既有效区分了 IPO 公司信息不对称程度的差异，同时也能避免以往研究中出现的度量信息不对称程度的变量内生性问题。首先，创业板市场制度设立的目的是支持具有"较高的投资风险、业绩不稳定、经营风险高、退市风险大"[《首次公开发行股票并在创业板上市管理暂行办法》（证监会第 61 号令）]的公司群体进行公众股权融资，因而和主板市场定位存在显著差别，能够有效区分出因为更高的成长性和创新性而导致信息不对称程度增加的公司群体。其次，创业板市场制度的实施导致的信息不对称程度变动本身是一个外生冲击，我们在本文开展的研究发现，拥有声誉的投资银行和不具备声誉的投资银行在主板市场和创业板市场的分布几乎完全相同，通过创业板市场制度设立度量的信息不对称程度变动也就不存在和投资银行选择的相互影响问题。因此，我们通过创业板制度的实施部分克服了以往研究遇到的困难。就我们有限的知识，已有文献中只有方（2005）通过对垃圾债券和投资级别以上债券市场的区分研究债券承销市场中的信息不对称程度变动对投行声誉功能的影响，苏菲（Sufi, 2007）通过构建上市与否以及第三方评级的综合指标度量借款企业的信息不对称程度变动，研究其对银团贷款牵头行金融功能及行为的影响。凯利和扬齐维斯特（Kelly & Ljungqvist, 2012）通过分析师取消对特定股票的分析覆盖度量信息不对称程度变动对资产定价的影响。本文通过中国创业板和主板市场的划分实现对 IPO 市场信息不对称程度差异的独特计量识别，系统考察信息不对称程度差异对投行声誉功能发挥的影响，为研究信息不对称程度变化如何影响金融机构功能发挥提供来自中国股票 IPO 市场的证据，这构成本节的潜在学术贡献之一。

第二，我们提供了投行声誉通过何种具体机制在创业板市场发挥作用的实证证据。已有文献对投行声誉发挥作用的具体机制有两类观点，卡特和马纳斯特（Carter & Manaster, 1990），以及卡特等（1998）认为投行声誉功能是向投资者发出信号，揭示低风险类别的发行公司，因而其作用更多地体现在使低风险类别的发行公司 IPO 折价率降低；而哈比和扬齐维斯特（Habib & Ljungqvist, 2001）和费尔南多（Fernando et al., 2005）则认为投行声誉的作用更多地体现在对高风险发行公司的信息生产上,从而使高风险类别的发行公司IPO折价率降低。我们在本节通过考察投行声誉变量和代表发行公司风险类别的发行公司股票上市后股价波动方差的交互效应实证检验了上述两条具体机制,这构成了本节潜在的学术贡献之二。

第三,我们同时考察了投行声誉对主板和创业板发行公司IPO折价率及其波动性的影响并且提供了这两种影响具有一致性的证据。根据劳里等(Lowry et al., 2010)的研究,IPO发行折价率在不同时期以及同一时期的不同类型发行公司中存在较大程度的波动,而不同时期或不同类型发行公司的IPO折价率与折价率的波动幅度呈现正相关。因此,我们考察了投行声誉功能对主板和创业板两个市场IPO折价率波动性的影响,实证结果显示,在市场信息不对称程度较高的创业板市场,投行声誉功能在降低IPO折价率的同时,也降低IPO折价率的方差。就我们有限的知识,除了劳里等(2010)在对IPO折价率方差的研究中考察了投行声誉变量并得到投行声誉对IPO折价率方差没有显著影响的结论外,本节的研究首次提供了投行声誉对IPO折价率及其方差影响具有一致性的证据,从而增强了投行声誉发挥作用这一论断的说服力,这构成了本节另一个潜在的学术贡献。

## 5.3.1 相关研究与理论分析

### 5.3.1.1 研究文献及述评

关于IPO折价率以及投资银行在IPO市场中的功能研究文献极为丰富[参见Ritter(2003)和Ljungqvist(2007)的经典综述]。由于本章重点考察IPO市场信息不对称变动对投行声誉功能的影响研究,而以往文献对这一问题的实证研究相对缺乏,更多的是通过系列控制变量对IPO市场信息不对称程度实施控制后研究投行声誉功能发挥与否及其原因,同时也有部分文献研究IPO市场信息不对称程度的变动及IPO市场周期,还是部分文献研究债券承销及银行贷款市场的信息不对称程度变动对金融机构功能的影响,因此,我们在此评述与本研究主题相关的上述三类文献。

布思和史密斯（Booth & Smith，1986）、卡特和马纳斯特（Carter & Manaster，1990）以及迈克利和肖（Michaely & Shaw，1994）都认为投行声誉可以吸引那些高质量低风险的发行公司，这些发行公司通过选择具有声誉的投资银行向市场发出关于自身质量的信号，因此，投行声誉可以起到鉴证作用（certification）。或者投行声誉起到信息生产（information production）的作用（Chemmanur & Fulghieri，1994），拥有声誉的投资银行由于投入更多成本挖掘发行公司的真实信息，因而平均而言可以选择更加高质量低风险的发行公司成为客户。因此，投行声誉不仅减轻发行公司和投资者之间的信息不对称，为发行公司获得更高的发行收入、降低 IPO 折价率，还能使投资银行获得更高的承销费用。和上述观点存在细微差别的是哈比和扬齐维斯特（2001）以及费尔南多等（2005），他们也认为信息不对称程度增加，投行声誉功能发挥作用，但是由于低风险类型的发行公司可能得到的 IPO 折价率并不高，因此聘用有声誉的投资银行的激励不足，而高风险类型的发行公司则只有在拥有声誉的投行帮助下，才有可能降低 IPO 折价率。我们将在正文研究中对这两类假设进行验证。但是，另一方面，当 IPO 市场存在高度信息不对称时，投资银行也可能缺乏能力或不愿意付出过高成本进行信息收集和分析，因此会降低其承销标准导致发行公司 IPO 折价率上升（Ljungqvist，2007），或者投资银行利用 IPO 市场信息不对称，为自身谋求利益。洛克伦和里特（Loughran & Ritter，2002，2004）以及路透（Reuter，2006）都表明，在 20 世纪 90 年代末网络股高科技股上市高峰期间，由于新兴的高科技行业很难在短期内被普通投资者理解，此时投资银行利用在承销过程中分配股份的权力为自身谋求利益。尼马伦德兰等（Nimalendran et al.，2007）和刘和里特（2010）进一步提供了投资银行抬高 IPO 折价率分配 IPO 股份换取客户交易佣金以及投资银行分配高 IPO 折价率的股份给予其他公司高管以换取对方购买自身投资银行服务的证据。

关于 IPO 市场信息不对称程度变动的研究，劳里等（2010）指出，IPO 发行折价率在不同时期以及同一时期的不同类型发行公司中存在较大程度的波动，而不同时期或不同类型发行公司的 IPO 折价率与折价率的波动幅度呈现正相关，原因是当 IPO 市场特定时期信息不对称程度严重时，或者某一类型发行公司如高科技公司和投资人之间的信息不对称程度严重时，不仅仅 IPO 折价率上升，市场给予发行公司的股票估值准确度也会下降，因而同时造成更高的 IPO 折价率的波动。劳里等（2010）运用公司规模、成立年限及是否高科技公司度量信息不对称的程度，提供了美国 IPO 市场 IPO 折价率及其波动性随着信息不对称程度变动的实证证据，并且也提供了投行声誉功能作用不显著的证据。

关于其他金融市场中信息不对称程度变动对金融机构功能的影响研究，方（2005）对比考察了债券承销中的垃圾债券市场和投资级别以上的债券市场，垃圾债券市场的发行人和投资者之间信息不对称的程度更为严重，方（2005）实证发现垃圾债券承销市场中投行声誉功能更能显著发挥作用，而在投资级别以上的债券承销市场投行声誉功能不显著。这一发现支持了随着金融市场信息不对称程度增加金融机构解决信息问题的功能增强的结论。苏菲（Sufi，2007）则通过构建上市与否以及第三方评级的综合指标度量借款企业的信息不对称程度变动，研究其对银团贷款牵头行金融功能及行为的影响。然而，戈顿（Gorton，2009）对 2007 年美国金融危机发生原因的研究表明，从次级贷款到证券化资产再到 CDO 等衍生证券，过长的交易链条导致次级贷款相关证券的信息不对称程度极高，包括贷款银行、参与证券化的顶级投资银行以及投资于次贷证券的投资基金等金融机构缺乏能力有效处理相关信息，因此，金融市场信息不对称程度增加将导致金融机构功能失灵。

值得注意的是，从研究思路上看和本章研究较为接近的是凯利和扬齐维斯特（2012），都是运用对信息不对称变动程度的外生识别开展研究，差别在于本章是对 IPO 市场的信息不对称程度变动影响投资银行声誉功能发挥的研究，而凯利和扬齐维斯特（2012）是对股票市场信息不对称程度变动影响资产定价的研究。并且凯利和扬齐维斯特（2012）采取分析师对股票覆盖的变动度量股票市场信息不对称变化，而本章采取的是创业板市场制度设计对信息不对称程度的影响。

国内基本没有理论文献探讨 IPO 市场信息不对称和投资银行功能，多是针对投行声誉和 IPO 折价率的关系开展实证研究，实证结果不一。田嘉、占卫华（2000）、陈海明、李东（2003）以及俞颖（2005）、金晓斌等

(2003)、郭泓和赵震宇（2006）都表明，尚未找到充分证据说明中国投行声誉机制有效发挥作用。徐浩萍和罗炜（2007）则表明，如果同时考虑市场份额和执业质量，则投行的声誉机制能够发挥作用。而郭海星等（2011）针对创业板市场的研究则表明，承销商第三方认证功能尚不能有效发挥。也有部分文献（王霞和徐晓东等，2011以及张亦春和洪图，2012）发现投行声誉在创业板市场显著影响IPO发行市盈率和超募比率，但是，这部分文献关注的重点是如何解决创业板市场高发行市盈率和高超募比率的问题，而没有讨论为何投行声誉在创业板市场发挥作用的原因。

　　综上，已有文献关于投行声誉功能是否发挥作用证据不一，同时也缺乏对IPO市场信息不对称程度变动如何影响投行声誉功能作用的实证证据，主要原因在于对IPO市场信息不对称程度变动的计量识别的困难。IPO市场中信息不对称的程度是因时间不同、因市场不同、因发行公司基本面差异和投资者特质不同而不断发生变化（Lowry et al.，2010），我们很难找到有效度量发行公司和投资者之间信息不对称程度的变量，同时避免这一变量和投行选择的相互影响（Habib & Ljungqvist，2001以及Fernando et al.，2005）。因此我们需要选择一个合适的研究场景，有效识别IPO市场信息不对称程度的外生变动，从而研究信息不对称程度变动如何影响投行声誉功能。以往针对中国IPO市场投行声誉功能开展实证研究的另一个困难在于，中国IPO市场受到严格监管，因而多数时期极高的IPO折价率主要受监管因素的影响（Ritter，2011）。同时，IPO发行定价制度也经历过巨大变化，曾经经历过固定市盈率、累计投标、控制市盈率并累计投标以及询价制等几个阶段，在2006年中国证监会第37号令《证券发行与承销管理办法》正式实施前，中国IPO发行定价以行政管制为主，而投行声誉功能的发挥显然要以定价市场化为前提，这也是多数实证检验发现中国投行声誉功能不能发挥作用的一个重要原因。除此之外，投行声誉的准确度量也存在困难，很难用单一指标度量投行声誉，并且类似于卡特和马纳斯特（1990）依据IPO墓碑公告的投行声誉排名系统也不适用于中国市场。我们将在下文讨论的实证设计一定程度上克服了上述困难，从而使我们可以更有效地检验IPO市场信息不对称变动对投行声誉功能发挥的影响。

### 5.3.1.2 投行声誉功能发挥作用的理论分析与研究假说的发展

根据里特（2011），IPO 市场存在高度的信息不对称，投行功能的发挥既是一个信息问题，又是一个代理问题，因此，投行功能研究面临的一个重要挑战是如何对信息问题和代理问题进行有效区分。然而，IPO 市场中投资银行代理问题的产生有个前提，即投行必须在 IPO 股份分配中拥有较高的自主权，能够决定把 IPO 股份，尤其是 IPO 折价率较高的股份分配给其选定的机构投资者，这种情况一般出现在发达市场的累计投标询价制度中，而不可能出现在根据投资者认购需求进行比例配售的固定价格发行制度中（Loughran & Ritter，2004）。当前中国创业板及主板市场 IPO 发行定价制度均为询价制度，从定价程序上看完全等同于累计投标询价制，但是不同于以美国市场为主的累计投标询价制，国内的投资银行对于 IPO 股份分配完全没有自主权，只能根据投资者的认购数量实行比例配售。这就相应排除了信息不对称程度变动造成的投资银行代理问题，因此，主板和创业板 IPO 市场信息不对称程度的差异对投行声誉功能的影响就完全是一个信息问题，取决于拥有声誉及没有声誉的投资银行之间解决信息问题的能力差异。

根据卡特和马纳斯特（1990）以及凯莫纳尔和弗雷里（Chemmanur & Fulghieri, 1994），投行声誉可以为高质量低风险的发行公司提供鉴证作用或者信息生产，因此，我们可以推论，当 IPO 市场信息不对称程度增加时，拥有声誉的投资银行提供的信息鉴证或者信息生产具有更高的价值，同时我们也可以从表 5-1 的对比项目看出，和主板市场相比，创业板要求保荐人应当对发行人的成长性进行尽职调查和审慎判断并出具专项意见，如果发行人为自主创新企业的，保荐人还应当在专项意见中说明发行人的自主创新能力。这表明同时兼任主承销商的保荐人在面对创业板市场的发行公司时，需要投入更多成本分析判断发行公司的质量。因此，我们提出假说 H1a。

**H1a：投行声誉功能将在创业板市场比在主板市场功能发挥更为显著。**

与此相对应，当信息不对称程度上升时，投资银行或者因为没有能力或不愿意付出过高成本进行信息收集和分析，因此会降低其承销标准导致发行公司 IPO 折价率上升。因此我们提出对立假说 H1b。

**H1b：投行声誉功能在创业板市场和主板市场不存在显著差异，甚至因为创业板市场信息不对称程度的增加，投行声誉功能下降。**

进一步地，如果投行声誉功能发挥作用，则其发挥作用的机制是如同迈克利和肖（1994）等认为的更多选择高质量低风险的发行公司，还是如同哈比和扬齐维斯特（2001）以及费尔多（2005）认为的投行声誉功能更多是为高风险类型发行公司提供承销服务而发挥作用。由此我们提出对立假说H2a和H2b。

**H2a：投行声誉功能更多通过为低风险类型发行公司提供服务而发挥作用。**

**H2b：投行声誉功能更多通过为高风险类型发行公司提供服务而发挥作用。**

根据夏皮罗（Shapiro，1983）以及艾伦（Allen，1984）对产品市场声誉功能的经典研究，声誉功能为拥有声誉的厂商带来更高的溢价收入。然而，应用到投行声誉功能的研究中，詹姆斯（James，1992）、利文斯顿和米勒（Livingston & Miller，2000）分别在股票IPO市场以及债券承销市场都发现投行功能不仅没有溢价收入，反而对客户提供折价。方（2005）对此给予的解释是因为投资银行有可能选择风险更低的客户的内生选择效应造成的，在控制了相应的内生选择效应后，方（2005）观察到债券承销市场投行声誉功能既为投资银行带来更高的费用收入，也为发行客户带来更多的筹资规模。由此我们提出对立假说H3a和H3b。

**H3a：如果投行声誉功能不能发挥作用，或者是通过为低风险类型发行公司提供服务而发挥作用，则投行声誉并不能为投行自身带来更高的费用收入。**

**H3b：如果投行声誉功能发挥作用，并且是通过为高风险类型发行公司提供服务而发挥作用，则投行声誉将为投行自身带来更高的费用收入。**

## 5.3.2 样本选择与变量定义

### 5.3.2.1 样本选择与数据来源

我们选取2009~2011年同时为创业板和主板两个市场IPO提供承销服务的投资银行承销的618个IPO样本开展实证研究，其中主板市场指在上海与深圳交易所上市除创业板以外的 A 股市场,包括中小企业板块。创业板发行公司样本的检验期选择为 2009 年 10 月 30 日(创业板正式上市之日)至 2011 年 11 月 15 日,共计 261 个 IPO 发行样本;主板选择 2009 年 7 月 10 日(IPO 重启之日)至 2011 年 11 月 25 日,共计 357 个发行样本。选择上述样本时期的原因有三:第一,中国创业板市场 2009 年 10 月开始迎来正式的 IPO 发行,为与此对照,我们也选择同一时期主板 IPO 样本。第二,对投行声誉的变量设计需要选择一个声誉建立期,由于我国证券业在 2004 ~ 2006 年实行了针对证券公司违规理财、账外经营、国债回购等风险事项的大规模行业整顿与重组,整顿后,证券业摆脱历史缺陷,开始走向良性发展和有序竞争(吴晓求等,2012)。第三,根据里特(2011),2009 年以前造成中国 IPO 市场高折价率的主要原因是监管造成的,而近年对 IPO 定价的严格监管开始放松。因此我们选择证券行业开始规范发展的 2007 ~ 2008 年作为声誉建立期。本研究所有数据均来源于国泰安经济与金融数据库。

### 5.3.2.2 变量选择与定义

(1)被解释变量。

第一,IPO 发行折价本身是由于发行公司与投资者之间的信息不对称造成的,信息不对称的程度越高,IPO 发行折价越高。投资银行发挥声誉功能的一个表现是减轻信息不对称从而降低 IPO 发行折价率。参照徐浩萍和罗炜(2007),我们以 IPO 表示公司发行折价率,$P_T$ 为上市首日收盘价,$P_t$ 为发行价格,$IPO = \ln(P_T/P_t)$。

第二,除了观察到 IPO 折价率受市场信息不对称程度的影响外,研究者们(如 Ritter,1984;Lowry,2003)还观察到 IPO 发行折价率的波动性随不同时期和不同市场发生变化。劳里等(2010)特别研究了 IPO 发行折价率及其波动性高度正相关的现象,认为当市场信息不对称程度较高时,由于投资者难以对发行公司进行精确定价,因而除了出现较高的 IPO 折价率外,还会出现较高的 IPO 发行折价率的波动幅度。因此我们通过计算 IPO 发行折价率的标准差(SDIPO)度量发行公司 IPO 发行折价率的波动性。

即

$$SDIPO = \sum_{i=1}^{n}\left(IPO_i - \frac{1}{n}\sum_{i=1}^{n} IPO_i\right)^2$$

第三，如果投行声誉功能发挥作用，减轻了发行公司和投资者之间的信息不对称，从而导致 IPO 折价率降低，我们将预期投行声誉导致投资银行收取更高的承销费用。由于国内的主承销商全部同时兼任保荐人，因此投行收取的费用实际上包括承销费和保荐费，我们以 COST 表示主承销商收取的承销费加保荐费之和。

第四，投行声誉功能发挥作用，一方面提高了发行公司的 IPO 发行价格，降低了发行公司的 IPO 折价率，从而使发行公司获得更多的募集资金；另一方面又会导致投行收取更高的承销及保荐费用，综合来看，投行声誉对发行公司筹资净额的影响是正向还是负向呢？我们定义 fund 为发行公司的筹资净额，即发行公司的筹资总额减去总的发行费用，我们将研究投行声誉对发行公司筹资净额的影响。

（2）解释变量。

已有文献对投资银行声誉变量的选择大多数以投资银行的市场份额为判断标准，例如麦金森和韦斯（Megginson & Weiss，1991）选择了投资银行股票承销业务的相对市场份额，郭泓和赵震宇（2006）以及徐浩萍和罗炜（2007）也都选择了中国证券公司股票承销业务的市场份额衡量投行声誉。卡特和马纳斯特（Carter & Manaster，1990）依据 IPO 墓碑公告的投行声誉排名系统对投行声誉进行度量，卡特等（1998）认为这一度量显著优于市场份额的度量，然而由于 IPO 墓碑公告的投行声誉排名系统在我国不存在，因此，这一指标在我国无法适用。此外，徐浩萍和罗炜（2007）还尝试使用承销商的执业质量进行度量，但是由于执业质量的度量存在一定的主观性，并且需要有较长的观察期，因此我们并没有采用这一度量。我们在本章中除了采用两个主流文献中使用的市场份额变量度量投行声誉外，我们还根据中国证券市场的特点采用了上市与否、是否隶属于金融集团以及在证监会的分类管理排名系统中的级别等三个变量。基于前文已经述及的原因，我们选择 2007～2008 年作为声誉建立期。我们对声誉变量的具体说明如下。

第一，上市变量（pubn），本研究考虑了 2009 年以前（包括 2009 年 10 月的招商证券以及 2010 年 2 月的华泰证券）上市的承销商，将承销商依据是否上市进行分类，上市承销商取值为 1，非上市取值为 0。由于上市券商拥有更完善的治理结构、更强大的资本规模和更好的品牌声誉，因此，我们认为上市承销商比非上市承销商能够更好地发挥声誉功能。

第二，股票承销业务量变量（amount），根据中国证券业协会每年对承销商股票承销金额的排名，我们选取提供了排名的 2007、2008 年两年的数据。选取每年排名前十的承销商，剔除重复值，作为以承销业务量定义的声誉变量，我们认为排名前十的承销商拥有声誉优势，取值为 1；其余的承销商取值为 0。

第三，市场份额变量（ms），将 2007、2008 年两年 A 股上市公司的主承销商进行分类汇总，认为承销家数在平均值以上的承销商市场份额较大，拥有声誉，取值为 1；其余的承销商取值为 0。

第四，控股集团变量（jituan），我们认为若承销商隶属某著名金融集团，依仗强大的母公司背景及金融资源，该承销商具有声誉优势，我们将承销商隶属的集团性质进行了分类：第一类，承销商控股股东为国内著名金融集团，如中信集团、汇金公司、长城、华融等资产管理公司；第二类，承销商控股股东为著名全球金融机构，如高盛、瑞银。我们认为符合这两个标准其中之一的承销商具有声誉优势，取值为 1，其余为 0。

第五，级别变量（level），根据证监会《证券公司分类监管规定（2010 年修订）》，我们认为 A（AAA、AA、A）级别的承销商能够更好地发挥声誉功能，取值为 1；A 级别以下承销商取值为 0。

此外，我们在回归中还加入创业板市场的虚拟变量（cm），如果发行公司在创业板上市，则取值为 1，在主板上市，则取值为 0。

（3）控制变量。

根据扬齐维斯特（2007）对 IPO 市场研究文献的经典综述，研究 IPO 折价率的影响因素需要选取一系列控制变量，这些控制变量大致可分为公司特征变量、发行特征变量、招股说明书披露变量。第一，公司特征变量我们参照扬齐维斯特和威廉（2003）以及其他多数实证研究，选取了公司从成立到发行前的年份数（time），以及 IPO 发行公司发行前一年的净资产收益率（roe），如果公司成立年限越短，发行前一年净资产收益率越低，我们预期会导致 IPO 折价率越高。第二，发行特征变量，我们选取公司公开发行股份数（volume），这一变量既衡量了公司发行特征，同时也控制了公司的规模特征，按照哈比和扬齐维斯特（1998）的说明，公司公开发行股份数要优于部分实证研究选取的发行筹资金额，因为IPO折价率和发行定价表现出较强的负相关，从而也与发行筹资金额呈负相关。由于公司规模通常与公司和投资者之间的信息不对称程度负相关，因此我们预期公司公开发行股份数负向影响IPO折价率。由于我国资本市场IPO招股说明的披露信息基本呈固定格式，不存在比蒂和韦尔奇（Beatty & Welch, 1996）所说的招股书披露风险因素的差别，因而我们以对行业变量的控制取代。此外，我们参照以往的研究（郭泓和赵震宇，2006；徐浩萍和罗炜，2007；劳里等，2010），选取了与发行公司发行股份上市首日相应的对数市场收益率，其计算方法与公司IPO折价率的计算方法相同，以控制股份上市首日市场因素对IPO折价率的影响。

我们还在回归中控制了以证监会行业分类为标准的行业和年度虚拟变量。我们对所有解释变量及投行声誉变量和主要控制变量的说明见表5-2。

表 5-2　　　　　　　　　　　变量说明表

| 变量名 | 变量解释 |
| --- | --- |
| 被解释变量 | |
| IPO | IPO发行折价率 |
| SDIPO | IPO发行折价率的波动性 |
| cost | 主承销商在公司IPO发行上市过程中收取的承销费用和保荐费用之和 |
| fund | 上市公司筹资净额，全部募集资金减总发行费用 |
| 解释变量 | |
| pub | 虚拟变量，根据2009年前是否上市划分，上市为1，未上市为0 |
| amount | 虚拟变量，根据证券业协会2007、2008年承销商股票承销业务量进行划分，排名前十为1，其他为0 |
| ms | 虚拟变量，根据2007、2008年承销商在各板块承销的上市公司家数进行划分，承销家数在均值以上为1，均值以下为0 |
| jituan | 虚拟变量，根据主承销商是否隶属著名金融集团进行划分，隶属为1，其他为0 |

续表

| 变量名 | 变量解释 |
| --- | --- |
| level | 虚拟变量,根据证监会 2010 年承销商级别排名,A 级别以上为 1 (包含 A),A 级别以下为 0 |
| cm | 虚拟变量,发行公司在创业板上市,取值为 1,在主板上市,取值为 0 |
| 控制变量 | |
| roe | 发行公司前一年度净资产收益率 |
| volume | 首次发行的股份数 |
| time | 发行公司从成立到发行期间的年份数 |
| mr | 首次上市日对应的市场收益率 |

### 5.3.2.3 变量描述性统计和相关性分析

表 5-3 对创业板及主板市场发行公司的基本发行信息及投行声誉变量进行了描述性统计。第一,出乎我们意料,我们发现创业板和主板市场的发行公司 IPO 折价率和 IPO 折价率的波动性基本相同,没有显著差异。对这一现象有两种可能解释,一是创业板市场和主板市场的信息不对称程度不存在显著差异,导致 IPO 折价率基本相同;另一解释是虽然创业板市场信息不对称程度显著高于主板市场,但是由于投行声誉功能更多地在信息不对称程度严重的市场发挥作用,因此考虑到投行声誉功能的作用发挥后,两个市场的 IPO 折价率和波动性基本相同。后一解释正是我们将在下文论证的重点。从规模上看,无论是发行股本数、还是筹资净额和投行收取的费用,创业板发行公司都显著低于主板发行公司,显示出了两个市场的规模差异。第二,从公司自成立到发行上市的年限以及发行前一年的 roe 看,两个市场也不存在显著差别。第三,从投行声誉变量看,两个市场的投行声誉变量分布基本相同,这表明主板和创业板的市场差别并没有造成对投行选择的影响,并不存在有声誉的投行更多地活跃在其中某一个市场的现象,一定程度上避免了信息不对称程度变动的内生性问题。

表5-3　　　　2009~2011年创业板及主板发行公司描述统计

|  | 创业板 ||||  主板 ||||
| --- | --- | --- | --- | --- | --- | --- | --- | --- |
|  | mean | median | sd | N | mean | median | sd | N |
| 发行信息 | | | | | | | | |
| ipo | 0.29 | 0.24 | 0.26 | 261 | 0.29 | 0.26 | 0.28 | 357 |
| volume | 7.65 | 7.60 | 0.41 | 261 | 8.34 | 8.16 | 0.86 | 356 |
| time | 8.82 | 8.64 | 4.12 | 261 | 8.85 | 9.00 | 4.63 | 356 |
| roe | 28.74 | 27.44 | 9.70 | 261 | 25.61 | 24.43 | 9.30 | 357 |
| cost | 3 891.64 | 3 283.55 | 2 214.35 | 260 | 4 869.00 | 3 901.88 | 3 670.03 | 351 |
| Log（fund） | 10.93 | 10.89 | 0.57 | 261 | 12.31 | 11.25 | 0.75 | 355 |
| 声誉变量 | | | | | | | | |
| pub | 0.49 | 0 | 0.50 | 261 | 0.50 | 0 | 0.50 | 357 |
| amount | 0.55 | 0 | 0.50 | 261 | 0.55 | 1 | 0.50 | 357 |
| ms | 0.53 | 0 | 0.50 | 261 | 0.54 | 1 | 0.50 | 357 |
| jituan | 0.58 | 1 | 0.49 | 261 | 0.59 | 1 | 0.49 | 357 |
| level | 0.76 | 1 | 0.43 | 261 | 0.75 | 1 | 0.44 | 357 |

表5-4对包括创业板和主板在内的全样本主要变量进行了pearson相关性检验，并给出了各种置信水平下的显著性。我们发现，所有声誉变量都表现出了较高程度的相关性，符合扬齐维斯特（2007）对以往研究选取声誉变量具有较高程度相关性的评价，同时也反映了我们所选取的声誉变量对于评价国内投资银行表现具有较强的一致性。除声誉变量之间存在较强的相关性外，其他控制变量相互之间的相关性不显著。所有控制变量中，规模变量和三个声誉变量表现出了一定程度的正相关性，说明规模较大的发行公司更有可能选取拥有声誉的投资银行。由于我们在回归模型中对于声誉变量是逐个加入的，因此模型的自相关问题并不突出。同时我们也对所有回归模型开展了VIF检验，VIF值也表明多元回归模型中不存在显著的自相关问题。

表 5-4　　　　　　控制变量与声誉变量相关性检验

| | volume | time | roe | mr | pub | amount | ms | jituan | level |
|---|---|---|---|---|---|---|---|---|---|
| volume | 1 | | | | | | | | |
| time | -0.06 | 1 | | | | | | | |
| roe | -0.17*** | -0.04 | 1 | | | | | | |
| mr | 0.00 | -0.06 | -0.07* | 1 | | | | | |
| pub | -0.06 | 0.03 | 0.03 | -0.05 | 1 | | | | |
| amount | 0.12*** | 0.00 | 0.03 | -0.03 | 0.40*** | 1 | | | |
| ms | 0.04 | 0.02 | 0.03 | -0.03 | 0.57*** | 0.83*** | 1 | | |
| jituan | 0.10** | 0.02 | 0.04 | -0.07* | 0.32*** | 0.37*** | 0.33*** | 1 | |
| level | 0.09** | 0.02 | 0.14*** | 0.00 | 0.31*** | 0.58*** | 0.56*** | 0.25*** | 1 |

注：*、**、*** 分别表示在 10%、5% 和 1% 的置信水平下显著。

## 5.3.3 市场信息不对称程度差异和投行声誉功能：实证检验

### 5.3.3.1 两个市场投行声誉功能差异的均值差异检验和方差差异检验

（1）均值假设检验。

为了检验投行声誉变量对发行公司 IPO 发行折价率、发行公司 IPO 定价及发行公司筹集资金的影响，我们区分创业板与主板两个市场进行了均值差异检验，检验结果见表 5-5。在创业板市场，投行声誉对 IPO 发行折价率和投行收取的承销及保荐费用的影响，五个声誉变量度量的均值差异都是显著的，有声誉的投行承销的股票其 IPO 发行折价率要比没有声誉的承销商低，并且收取的承销及保荐费用要高；投行声誉对 IPO 发行市盈率及筹资净额的影响，五个声誉变量度量的均值差异中有四个是显著的，有声誉的投行承销的股票市盈率要显著高于无声誉的投行，并且筹集到的资金净额更高。在主板上，投行声誉对 IPO 发行折价率均值差异没有统计显著性，两者之间不存在显著差异；而投行声誉对 IPO 发行市盈率及投行收取费用的影响中，五个声誉变量度量的均值差异中也分别只有一个和两个是显著的；主板中只有声誉变量对发行公司筹资净额的影响,均值差异检验中有三个声誉变量存在显著差异。因此,均值差异检验的结果初步说明,投行声誉变量在创业板市场发挥功能,而在主板市场的功能发挥则不明显。进一步的结论还需要我们结合对公司基本面的控制通过多元回归分析进行说明。

**表 5-5　　创业板及主板投行声誉对 IPO 折价率等因素影响的均值差异检验**

|  | Pub | amount | ms | jituan | level |
|---|---|---|---|---|---|
| **Panel A:创业板** | | | | | |
| IPO 折价率 | | | | | |
| 声誉变量 = 1 | 0.26 | 0.26 | 0.26 | 0.24 | 0.27 |
| 声誉变量 = 0 | 0.32 | 0.32 | 0.32 | 0.35 | 0.36 |
| P (T<t) | 0.04** | 0.03** | 0.02** | 0.00*** | 0.01*** |
| 发行市盈率 | | | | | |
| 声誉变量 = 1 | 61.59 | 65.44 | 64.85 | 65.00 | 62.84 |
| 声誉变量 = 0 | 61.90 | 58.20 | 59.11 | 57.94 | 58.54 |
| P (T>t) | 0.55 | 0.00*** | 0.02** | 0.01*** | 0.09* |
| 发行费用(承销+保荐) | | | | | |
| 声誉变量 = 1 | 4 146.65 | 4 349.85 | 4 306.46 | 4 217.96 | 4 080.82 |
| 声誉变量 = 0 | 3 659.13 | 3 447.32 | 3 536.08 | 3 510.94 | 3 335.57 |
| P (T>t) | 0.04** | 0.00*** | 0.00*** | 0.01*** | 0.01*** |
| 净募集资金(取对数值) | | | | | |
| 声誉变量 = 1 | 10.95 | 11.01 | 10.99 | 11.00 | 10.98 |
| 声誉变量 = 0 | 10.91 | 10.85 | 10.87 | 10.85 | 10.77 |
| P (T>t) | 0.29 | 0.01*** | 0.05** | 0.02** | 0.00*** |
| **Panel B:主板** | | | | | |
| IPO 折价率 | | | | | |
| 声誉变量 = 1 | 0.29 | 0.30 | 0.30 | 0.31 | 0.29 |
| 声誉变量 = 0 | 0.30 | 0.29 | 0.29 | 0.28 | 0.29 |
| P (T<t) | 0.37 | 0.60 | 0.60 | 0.84 | 0.47 |
| 发行市盈率 | | | | | |
| 声誉变量 = 1 | 51.05 | 48.57 | 49.24 | 48.54 | 48.32 |
| 声誉变量 = 0 | 47.06 | 49.60 | 48.81 | 49.74 | 51.12 |

续表

|  | Pub | amount | ms | jituan | level |
|---|---|---|---|---|---|
| P（T>t） | 0.01** | 0.72 | 0.40 | 0.75 | 0.92 |
| 发行费用（承销+保荐） | | | | | |
| 声誉变量=1 | 4 825.29 | 5 252 | 5 003.65 | 5 188.63 | 5 003.19 |
| 声誉变量=0 | 4 912.97 | 4 411.80 | 4 715.48 | 4 409.54 | 4 473.97 |
| P（T>t） | 0.59 | 0.02** | 0.23 | 0.03** | 0.12 |
| 净募集资金（取对数值） | | | | | |
| 声誉变量=1 | 11.30 | 11.47 | 11.38 | 11.44 | 11.42 |
| 声誉变量=0 | 11.44 | 11.25 | 11.36 | 11.27 | 11.23 |
| P（T>t） | 0.96 | 0.00*** | 0.40 | 0.02** | 0.02** |

注：*、**、***分别表示在10%、5%和1%的置信水平下显著。

（2）方差差异检验。

根据劳里等（2010）的研究，如果发行公司和投资者之间信息不对称程度较高，则不仅能观察到较高的IPO发行折价率，还能观察到较高的IPO发行折价率的波动性，原因在于投资者难以对信息不对称程度高的发行公司的股票进行精确定价。因此，我们对投行声誉功能的一个推论是，如果投行声誉发挥作用，降低了发行公司和投资者之间信息不对称的程度，则投行声誉变量将不仅降低发行公司的IPO折价率，同时还将降低IPO发行折价率的波动程度。因此，我们分别对创业板市场和主板市场的发行公司按照投行声誉变量进行分组，检验有声誉和无声誉的投行承销的发行公司IPO发行折价率的方差是否存在显著差异，检验结果见表5-6。结果显示，创业板市场中有声誉投行承销的发行公司组IPO发行折价率的方差均小于无声誉投行承销组，五个声誉变量的度量中有四个是显著的。而在主板市场上，有声誉和无声誉投行承销的IPO发行折价率的方差不存在显著差异。

表5-6 投行声誉对IPO折价率波动性影响的方差差异检验

|  | pub | amount | ms | jituan | level |
|---|---|---|---|---|---|
| Panel A：创业板 | | | | | |
| 声誉变量=1 | 0.22 | 0.23 | 0.21 | 0.24 | 0.25 |
| 声誉变量=0 | 0.28 | 0.28 | 0.29 | 0.27 | 0.28 |

续表

|  | pub | amount | ms | jituan | level |
|---|---|---|---|---|---|
| P（F＜f） | 0.00*** | 0.02** | 0.00*** | 0.06* | 0.11 |
| Panel B：主板 | | | | | |
| 声誉变量=1 | 0.29 | 0.28 | 0.28 | 0.29 | 0.29 |
| 声誉变量=0 | 0.28 | 0.29 | 0.28 | 0.27 | 0.27 |
| P（F＜f） | 0.60 | 0.29 | 0.45 | 0.79 | 0.77 |

注：*、**、***分别表示在10%、5%和1%的置信水平下显著。

### 5.3.3.2 创业板市场与主板市场是否存在信息不对称程度的差别

均值差异检验的结果显示投行声誉功能在创业板市场发挥作用，而在主板市场作用则不明显，我们在本节检验创业板市场和主板市场之间是否存在信息不对称程度的差异。

首先，我们对创业板和主板市场的发行公司的基本面进行对比，对比结果见表 5-7。我们发现，第一，创业板市场发行公司的规模远远低于主板公司，以发行筹集资金规模和上市后公司市场价值进行度量，创业板公司的规模大约只有主板公司的一半，根据已有文献的研究（Ritter，1984；宋军和吴冲锋，2008），公司规模是影响发行公司和投资者之间信息不对称程度的重要因素，公司规模越小，信息不对称程度越高。第二，创业板公司的发行市盈率为 62，远高于主板公司的发行市盈率 49，说明创业板发行公司拥有远高于主板发行公司的成长性，更高的成长性伴随着更高的不确定性，也会增加发行公司和投资者之间信息不对称的程度。第三，由于公司的研发费用在财务上可能计入管理费用，根据侯晓红和干巧（2009）以及曹兴和李佳（2003）的研究，研发费用占主营业务收入的比重被称为研发投入强度，该指标主要用于衡量研发投入绩效，侯晓红和干巧（2009）还发现，研发费用属于上市公司自愿披露内容，并且是在年报附注中披露，"管理费用"是研发费用计入的主要会计科目之一。我们以管理费用除以营业收入的比率度量公司的研发投入，我们发现，创业板市场的发行公司这一比率为 0.11，显著高于主板发行公司的比率 0.07。此外，我们还用员工中大专以上所占比例度量公司业务和产品的科技含量,我们发现,创业板公司的员工中大专以上所占比例为 0.58,也显著高于主板发行公司中的 0.42。此外,根据 Ritter(1984、1987)以及 Low(2009),我们选取 IPO 发行公司上市后 250 个交易日股票交易价格波动的方差度量公司经营的不确定性,由于计算股价波动方差时需要股票上市交易 250 个交易日的数据,因而创业板样本减少为 180 个,而主板样本减少为 264 个。我们比较两个市场各公司股价波动方差的均值,结果发现创业板股票上市后股价波动的平均方差为 0.0020,显著高于主板市场的 0.0013,T 检验值为 6.42,进一步反映了创业板市场发行公司经营不确定性远远高于主板市场。

表5-7　　　　　　创业板及主板发行公司基本面差异

| | 发行市盈率 | 发行筹资(万元) | 发行后市值(万元) | 管理费用/营业收入 | 员工中大专以上所占比例 | 发行后一年股价变动方差的均值 |
|---|---|---|---|---|---|---|
| 创业板 | 61.75 | 70 643.70 | 291 140.30 | 0.11 | 0.58 | 0.0020 |
| 主板 | 49.04 | 138 785.10 | 677 774.60 | 0.07 | 0.42 | 0.0013 |
| P 值 | 0.00 *** | 0.00 *** | 0.00 *** | 0.00 *** | 0.00 *** | 0.00 *** |

注:*、**、*** 分别表示在 10%、5% 和 1% 的置信水平下显著。

进一步地,由于创业板和主板发行公司的 IPO 折价率均值以及 IPO 折价率的方差都没有显著差异,表面上看,我们很难区分这是由于两个市场不存在信息不对称程度差异造成的,还是因为两个市场中存在信息不对称程度差异的同时投行声誉功能发挥作用的综合结果。因此,我们设计了另外两组均值差异检验和方差差异检验,分别检验对于具备和不具备声誉的投资银行承销的股票发行中,主板市场和创业板市场的 IPO 发行折价率以及波动性是否存在差异,检验结果见表 5-8。我们发现,对于具备声誉的投资银行而言,其在创业板市场承销的股票 IPO 发行折价率都要低于主板发行公司,而对于不具备声誉的投资银行而言,其在创业板市场承销的股票 IPO 发行折价率则都要高于主板发行公司,其中都有两个声誉变量是显著的。而在方差检验中,我们发现,对于具备声誉的投资银行而言,其在创业板市场承销的股票组的 IPO 发行折价率的方差都要低于主板发行公司,其中五个声誉变量中的四个都是显著的;而对于不具备声誉的投资银行而言,IPO 发行折价率的方差在两个市场不存在显著差异。上述检验结果反映了两点,第一,通过观察不具备声誉的投资银行承销的股票发行样本时,可以发现创业板市场的信息不对称程度要显著高于主板市场;第二,当具备声誉的投资银行承销股票发行时,由于声誉功能发挥作用,创业板市场发行公司 IPO 折价率及其波动性都显著下降。

**表 5-8　　投行声誉对不同市场 IPO 折价率及其波动性影响的差异检验**

|  | pub | amount | ms | jituan | level |
|---|---|---|---|---|---|
| 具备声誉的投行承销不同市场公司 IPO 发行折价率差异的检验 | | | | | |
| 创业板 | 0.26 | 0.26 | 0.26 | 0.24 | 0.27 |
| 主板 | 0.29 | 0.30 | 0.30 | 0.31 | 0.29 |
| P (T<t) | 0.20 | 0.11 | 0.08* | 0.02** | 0.17 |
| 不具备声誉的投行承销不同市场公司 IPO 发行折价率差异的检验 | | | | | |
| 创业板 | 0.32 | 0.32 | 0.32 | 0.35 | 0.36 |
| 主板 | 0.30 | 0.29 | 0.29 | 0.28 | 0.29 |
| P (T>t) | 0.28 | 0.17 | 0.16 | 0.02** | 0.08* |
| 具备声誉的投行承销不同市场公司 IPO 发行折价率波动性差异的检验 | | | | | |
| 创业板 | 0.22 | 0.23 | 0.21 | 0.24 | 0.25 |
| 主板 | 0.29 | 0.28 | 0.28 | 0.29 | 0.29 |
| P (F<f) | 0.00*** | 0.01** | 0.00*** | 0.01*** | 0.01** |
| 不具备声誉的投行承销不同市场公司 IPO 发行折价率波动性差异的检验 | | | | | |
| 创业板 | 0.28 | 0.28 | 0.29 | 0.27 | 0.28 |
| 主板 | 0.28 | 0.29 | 0.28 | 0.27 | 0.27 |
| P (F<f) | 0.55 | 0.33 | 0.57 | 0.49 | 0.61 |

注:*、**、***分别表示在 10%、5% 和 1% 的置信水平下显著。

### 5.3.3.3　投行声誉功能在主板和创业板市场是否存在显著差异

(1) 投行声誉对 IPO 折价率的影响——全样本回归结果。

我们针对主板市场和创业板市场总计 618 个 IPO 样本开展下述两个多元回归模型检验,分别考察投资银行的声誉变量对全体样本的 IPO 折价率的影响以及同时考虑创业板市场的信息不对称程度变动和投行声誉变量的交互效应。我们通过模型（5.1）考察投行声誉（repu）和是否属于创业板市场的发行公司（cm，虚拟变量，1为属于创业板公司，0为属于主板公司）对于IPO折价率的影响，模型（5.2）则增加考察了当发行公司属于创业板市场和投行声誉的交互效应。回归结果见表5-9。

由表5-9可以看出，当只考察投行声誉和是否属于创业板对IPO折价率的影响时，两个变量的系数均不显著，表明声誉变量和是否属于创业板发行公司对全样本IPO折价率均不存在显著影响。但是，当考察声誉变量和属于创业板发行公司的交互效应时，我们发现，所有五个变量度量的声誉变量和创业板交互效应的系数均为负值，其中有三个系数显著为负，表明当发行公司属于创业板时，声誉变量显著发挥作用，降低了IPO发行折价率。根据我们前文分析的计量识别，属于创业板发行公司（cm）变量衡量了市场信息不对称程度的增加，因此这一回归结果表明，当市场信息不对称程度增加时，投行声誉开始发挥作用。我们的实证结果初步支持了H1A假说。从控制变量看，所有回归模型中发行公司发行股份数量以及发行前一年roe均显著负向影响IPO折价率，而公司成立年限对IPO折价率没有显著影响。根据前文的讨论，公司规模越小，盈利能力越弱，公司未来经营的不确定性越高，因而和投资者之间的信息不对称程度越大，因此IPO折价率越高。

值得注意的是，投行声誉与属于创业板交互效应显著这一回归结果不仅具有统计意义上的显著性，还具有经济意义上的重要性。以集团变量度量的投行声誉变量为例，其和创业板发行公司的交互效应系数为-0.117，在1%置信水平下显著。以两个市场发行公司募集资金额度的均值11亿元进行估计，和主板市场同等规模的发行公司并选择一家没有声誉的投资银行相比，创业板市场发行公司选择具有声誉的投资银行承销，将相应带来募集资金的增加，用IPO折价率的下降幅度-11.7%来衡量，将为该公司增加1.287亿元的募集资金。

$$IPO_i = \alpha + \beta_0 \times repu_i + \beta_1 \times cm_i + \sum \beta_n \times C_{n,i} + \varepsilon \qquad (5.1)$$

$$IPO_i = \alpha + \beta_0 \times repu_i + \beta_1 \times cm_i + \beta_2 \times repu_i \times cm_i + \sum \beta_n \times C_{n,i} + \varepsilon \qquad (5.2)$$

表 5-9　投行声誉对 IPO 折价率影响的全样本回归（因变量为 IPO）

|  | pubn |  | ms |  | amount |  | jituan |  | level |  |
|---|---|---|---|---|---|---|---|---|---|---|
| repu | -0.031 | -0.015 | -0.022 | 0.006 | -0.011 | 0.023 | -0.002 | 0.048* | -0.022 | 0.004 |
|  | (-1.599) | (-0.586) | (-1.164) | (0.222) | (-0.547) | (0.897) | (-0.091) | (1.854) | (-1.006) | (0.141) |
| cm | -0.003 | 0.016 | -0.004 | 0.028 | -0.002 | 0.035 | -0.002 | 0.060* | -0.002 | 0.043 |
|  | (-0.146) | (0.511) | (-0.191) | (0.924) | (-0.107) | (1.168) | (-0.092) | (1.923) | (-0.088) | (1.083) |
| repu* |  | -0.038 |  | -0.067* |  | -0.079** |  | -0.117*** |  | -0.063 |
| cm |  | (-0.963) |  | (-1.712) |  | (-2.007) |  | (-2.924) |  | (-1.401) |
| volume | -0.052*** | -0.051*** | -0.051*** | -0.051*** | -0.050*** | -0.053*** | -0.051*** | -0.053*** | -0.049*** | -0.051*** |
|  | (-3.658) | (-3.568) | (-3.539) | (-3.560) | (-3.477) | (-3.686) | (-3.531) | (-3.723) | (-3.434) | (-3.531) |
| time | 0.001 | 0.001 | 0.001 | 0.001 | 0.001 | 0.001 | 0.001 | 0.001 | 0.001 | 0.001 |
|  | (0.544) | (0.549) | (0.520) | (0.521) | (0.496) | (0.466) | (0.492) | (0.458) | (0.525) | (0.505) |
| roe | -0.005*** | -0.005*** | -0.005*** | -0.005*** | -0.005*** | -0.005*** | -0.005*** | -0.005*** | -0.005*** | -0.005*** |
|  | (-5.119) | (-5.091) | (-5.126) | (-5.175) | (-5.137) | (-5.217) | (-5.152) | (-5.294) | (-4.975) | (-4.925) |
| mr | 0.793 | 0.773 | 0.809 | 0.789 | 0.819 | 0.772 | 0.824 | 0.644 | 0.827 | 0.828 |
|  | (1.282) | (1.249) | (1.307) | (1.277) | (1.322) | (1.248) | (1.327) | (1.040) | (1.336) | (1.339) |
| Industry | √ | √ | √ | √ | √ | √ | √ | √ | √ | √ |
| year | √ | √ | √ | √ | √ | √ | √ | √ | √ | √ |
| A. R² | 0.246 | 0.246 | 0.244 | 0.247 | 0.243 | 0.247 | 0.242 | 0.252 | 0.244 | 0.245 |
| Obs | 618 | 618 | 618 | 618 | 618 | 618 | 618 | 618 | 618 | 618 |

注：*、**、*** 分别表示在 10%、5% 和 1% 的置信水平下显著。

## 5. 市场化改革是否促进投行金融功能发挥

（2）投行声誉对IPO折价率的影响——分样本估计结果。

我们进一步地对创业板和主板两个市场分样本进行回归分析，检验投行声誉在两个市场中对IPO折价率的影响效应是否存在显著差别，我们针对两个市场建立模型（5.3）进行回归检验：

$$IPO_i = \alpha + \beta_0 \times repu_i + \sum \beta_n \times C_{n,i} + \varepsilon \qquad (5.3)$$

检验结果见表5-10，为了节省篇幅，我们省略了对控制变量的报告。由Panel A可知，在创业板市场，从对发行公司发行折价率（IPO）的影响看，声誉变量的系数符号均为负号，并且都在5%的置信水平下显著，表明投行声誉能够有效降低IPO发行折价率，有声誉的投行在创业板IPO市场能够显著降低信息不对称程度。而由表5-10中的Panel B可知，在主板市场，投行声誉并没有发挥作用，声誉变量的系数符号除了上市变量为负外，其余四个声誉变量为正，并且也均不显著。从调整后的R平方值看，创业板市场的多元回归调整后R平方值均在35%左右，显著高于主板市场22%左右的水平，显示了考虑声誉变量后的多元回归模型对创业板市场发行公司IPO折价率的解释力度相对更高。

**表5-10　　　　　投行声誉对IPO折价率影响的分样本回归（因变量为IPO）**

|  | 模型1 | 模型2 | 模型3 | 模型4 | 模型5 |
|---|---|---|---|---|---|
| Panel A：创业板 | | | | | |
| Pub | -0.055** <br> (-2.09) | | | | |
| amount | | -0.053** <br> (-2.00) | | | |
| ms | | | -0.058** <br> (-2.16) | | |
| jituan | | | | -0.064** <br> (-2.38) | |
| level | | | | | -0.070** <br> (-2.25) |
| Control | √ | √ | √ | √ | √ |
| industry | √ | √ | √ | √ | √ |

续表

|  | 模型1 | 模型2 | 模型3 | 模型4 | 模型5 |
|---|---|---|---|---|---|
| year | √ | √ | √ | √ | √ |
| A. $R^2$ | 0.351 | 0.350 | 0.352 | 0.355 | 0.353 |
| Obs | 261 | 261 | 261 | 261 | 261 |
| Panel B：主板 | | | | | |
| Pub | -0.011<br>(-0.40) | | | | |
| amount | | 0.033<br>(1.20) | | | |
| ms | | | 0.020<br>(0.72) | | |
| jituan | | | | 0.051<br>(1.87) | |
| level | | | | | 0.028<br>(0.86) |
| Control | √ | √ | √ | √ | √ |
| Industry | √ | √ | √ | √ | √ |
| year | √ | √ | √ | √ | √ |
| A. $R^2$ | 0.225 | 0.228 | 0.226 | 0.233 | 0.226 |
| Obs | 357 | 357 | 357 | 357 | 357 |

注：*、**、***分别表示在10%、5%和1%的置信水平下显著。

(3) 投行声誉对IPO折价率以及IPO折价率波动性的影响——极大似然估计结果。

为了检验上述投行声誉对IPO折价率影响的稳健性，我们参照劳里等 (2010) 的方法，不仅使用IPO折价率度量IPO市场的信息不对称程度，同时也使用IPO折价率的波动性进行度量。如果创业板市场上投行声誉确实降低了信息不对称程度，将不仅降低IPO折价率，同时还将降低IPO折价率的波动性。我们用极大似然估计法对投行声誉如何影响首日折价率及其波动性进行探讨，通过极大似然估计我们同时建立了投行声誉对IPO发行折价率及其波动性的影响方程。方程 (5.4) 从形式上看类似于方程 (5.3)，差别在于这里我们允许该多元回归的残差方差发生变动，该残差的方差度量了IPO折价率的波动性。根据前文的探讨，IPO折价率及其波动性都受到市场信息不对称程度的影响，因而也都受投行声誉以及度量公司基本面因素的影响。

$$IPO_i = \alpha + \beta_0 \times repu_i + \sum \beta_n \times C_{n,i} + \varepsilon_i \quad (5.4)$$

$$\ln(\sigma^2(\varepsilon_i)) = \delta + \gamma_0 \times repu_i + \sum \gamma_n \times C_{n,i} \quad (5.5)$$

具体回归结果见表 5-11。在创业板，极大似然估计的均值模型中五个声誉变量均在5%的置信水平下显著，系数符号为负，表明有声誉的券商其承销股票的首日折价率更低；方差模型中有两个声誉变量分别在1%、5%的置信水平下显著。而在主板，极大似然估计的均值和方差模型均不显著。为了节省篇幅，我们只报告了创业板上极大似然估计中方差模型显著的两个声誉变量的估计模型并与该声誉变量所对应的多元回归模型进行对比，并且省略了对控制变量的报告，同时我们也对比报告了主板市场对应的极大似然估计结果。

表 5-11 　　创业板及主板投行声誉变量对 IPO 折价率及其波动性影响的极大似然估计

|  | 模型 1 | | | 模型 2 | | |
|---|---|---|---|---|---|---|
| Panel A：创业板 | | | | | | |
|  | OLS | MLE | | LS | MLE | |
|  |  | mean | variance |  | mean | variance |
| pubn | -0.052** | -0.053** | -0.297*** |  |  |  |
|  | (-1.97) | (-2.06) | (-3.26) |  |  |  |
| ms |  |  |  | -0.062** | -0.060** | -0.238** |
|  |  |  |  | (-2.36) | (-2.48) | (-2.49) |
| Control | √ | √ | √ | √ | √ | √ |
| industry | √ | √ | √ | √ | √ | √ |
| year | √ | √ | √ | √ | √ | √ |
| A. $R^2$ | 0.341 | | | 0.346 | | |
| Log-likelihood | 42.106 | 49.501 | | 42.968 | 48.012 | |
| Obs | | 261 | | | 261 | |
| Panel B：主板 | | | | | | |
|  | OLS | MLE | | LS | MLE | |
|  |  | mean | variance |  | mean | variance |
| pubn | -0.016 | -0.015 | 0.010 |  |  |  |
|  | (-0.59) | (-0.62) | (0.13) |  |  |  |
| ms |  |  |  | 0.010 | 0.006 | 0.015 |
|  |  |  |  | (0.39) | (0.22) | (0.18) |

续表

| | 模型1 | | | 模型2 | | |
|---|---|---|---|---|---|---|
| Control | √ | √ | √ | √ | √ | √ |
| industry | √ | √ | √ | √ | √ | √ |
| year | √ | √ | √ | √ | √ | √ |
| A. $R^2$ | 0.235 | | | 0.235 | | |
| Log – likelihood | – 3.295 | | 10.519 | – 3.397 | | 10.362 |
| Obs | | 357 | | | 357 | |

注：\*、\*\*、\*\*\* 分别表示在 10%、5% 和 1% 的置信水平下显著。OLS 模型中，括号内给出的是参数的 t 检验值；MLE 模型中给出的是参数的 z 检验值。

### 5.3.3.4 投行声誉功能在创业板市场发挥作用的具体机制分析

我们通过上文实证分析初步得出投行声誉功能在创业板市场发挥显著作用而在主板市场作用不明显。进一步地，投行声誉功能在创业板市场发挥作用的具体机制是什么？已有文献对此提供了两条思路，卡特和马纳斯特（1990）以及卡特等（1998）认为投行声誉向投资者发出信号，揭示低风险类别的发行公司，因而其功能更多地体现在使低风险类别的发行公司 IPO 折价率降低；而哈比和扬齐维斯特（2001）和费尔南多等（2005）则认为投行声誉的作用更多地体现在对高风险发行公司的信息处理上，从而使高风险类别的发行公司 IPO 折价率降低。我们进一步通过考察投行声誉变量和代表发行公司风险类别的发行公司股票上市后股价波动方差的交互效应验证上述两条具体机制。我们设计的回归模型为：

$$IPO_i = \alpha + \beta_0 \times repu_i + \beta_1 \times var_i + \sum \beta_n \times C_{n,i} + \varepsilon \qquad (5.6)$$

$$IPO_i = \alpha + \beta_0 \times repu_i + \beta_1 \times cm_i + \beta_2 \times repu_i \times var_i + \sum \beta_n \times C_{n,i} + \varepsilon \qquad (5.7)$$

具体回归结果见表 5 – 12。由于对 var 变量的计算需要公司股票上市至少一年时间，因此我们考察的创业板市场 IPO 样本减少至 180 个。回归结果表明，第一，当不考虑投行声誉和发行公司股票交易波动性的交互效应时，五个声誉变量有四个都显著负向影响了创业板发行公司的 IPO 折价率，显示了即使在控制发行公司股票交易波动性并改变了创业板样本，投行声誉功能

## 5. 市场化改革是否促进投行金融功能发挥

表 5-12　　　创业板市场中的投行声誉作用机制考察（因变量为 IPO）

| | pubn | | ms | | amount | | jituan | | level | |
|---|---|---|---|---|---|---|---|---|---|---|
| repu | -0.069** | -0.047 | -0.074** | 0.026 | -0.044 | 0.054 | -0.062** | -0.095* | -0.058* | -0.002 |
| | (-2.365) | (-0.861) | (-2.475) | (0.464) | (-1.454) | (0.949) | (-2.055) | (-1.752) | (-1.677) | (-0.035) |
| var | 6.246 | 11.153 | 6.379 | 33.87* | 8.443 | 37.01* | 8.657 | 0.558 | 7.526 | 27.94 |
| | (0.498) | (0.688) | (0.510) | (1.890) | (0.669) | (1.964) | (0.693) | (0.033) | (0.596) | (1.131) |
| repu* var | | -10.899 | | -48.43** | | -47.38** | | 16.523 | | -26.08 |
| | | (-0.479) | | (-2.119) | | (-2.026) | | (0.733) | | (-0.961) |
| volume | -0.058 | -0.058 | -0.059 | -0.054 | -0.060 | -0.046 | -0.056 | -0.056 | -0.058 | -0.054 |
| | (-1.568) | (-1.577) | (-1.606) | (-1.479) | (-1.626) | (-1.230) | (-1.524) | (-1.520) | (-1.566) | (-1.434) |
| time | 0.000 | 0.000 | 0.000 | 0.000 | 0.000 | -0.001 | 0.000 | 0.000 | -0.001 | -0.001 |
| | (-0.015) | (-0.068) | (0.046) | (-0.092) | (-0.060) | (-0.229) | (0.083) | (0.113) | (-0.163) | (-0.255) |
| roe | -0.002 | -0.002 | -0.002 | -0.002 | -0.002 | -0.002 | -0.002 | -0.002 | -0.001 | -0.001 |
| | (-1.093) | (-1.075) | (-1.246) | (-1.274) | (-1.241) | (-1.260) | (-1.216) | (-1.204) | (-0.934) | (-0.846) |
| mr | -0.081 | -0.071 | -0.075 | -0.109 | -0.032 | -0.002 | -0.211 | -0.169 | 0.086 | 0.127 |
| | (-0.088) | (-0.077) | (-0.081) | (-0.120) | (-0.034) | (-0.024) | (-0.226) | (-0.180) | (0.093) | (0.138) |
| Industry | √ | √ | √ | √ | √ | √ | √ | √ | √ | √ |
| year | √ | √ | √ | √ | √ | √ | √ | √ | √ | √ |
| A. $R^2$ | 0.461 | 0.459 | 0.463 | 0.474 | 0.450 | 0.460 | 0.457 | 0.455 | 0.452 | 0.452 |
| Obs | 180 | 180 | 180 | 180 | 180 | 180 | 180 | 180 | 180 | 180 |

注：*、**、*** 分别表示在 10%、5% 和 1% 的置信水平下显著。

在创业板市场仍然具有显著影响,进一步验证了本书主要结论的稳健性。第二,当考虑投行声誉和发行公司股票交易波动性的交互效应后,我们发现,五个声誉变量中有四个交互效应系数都为负,其中有两个声誉变量的交互效应在5%的置信水平下是显著的。这表明,当发行公司未来股票交易波动性越大,也即发行公司潜在风险越高时,投行声誉降低IPO折价率的功能越为显著。因此,本节的实证分析表明创业板市场投行声誉发挥作用的机制主要是降低高风险发行公司的IPO折价率,实证支持了H2A假说。

### 5.3.4 投行声誉功能发挥是否为投行自身及发行公司创造了价值

既然投行声誉功能在创业板市场显著发挥作用,降低了发行公司的IPO折价率,那么投行声誉功能是否为投行自身增加了费用收入?在扣除发行费用后,投行声誉功能是否为发行公司增加了筹资净额?本节分析既是对投行声誉功能创造经济价值在投资银行和发行公司之间如何分配的实证考察,同时也构成对创业板市场投行声誉功能的稳健性支持。

#### 5.3.4.1 投行声誉与投行承销费用

为了检验投资银行是否因为发挥声誉功能减轻了发行公司与投资者之间信息不对称程度从而收取更高的费用,我们进一步检验了投资银行收取的承销费用及保荐费用。从均值差异检验看,在创业板市场上发挥了声誉功能的券商将收取比没有发挥声誉功能的券商更高的发行费用,而主板市场这一差异并不明显。由于A股主承销商全部同时兼任上市公司的保荐人,并负责协调发行上市的所有中介机构,因此投资银行发挥的功能大小既影响自身收取的费用,也会影响发行公司总的发行费用。因此我们既检验了主承销商收取的费用包括承销费和保荐费用,同时也检验了发行公司总的发行费用,检验结果基本一致,为了节约篇幅,我们只报告了前者,见表5-13,此处省略了对控制变量的报告。

**表 5−13　创业板及主板投行声誉对其承销费及保荐费的影响（因变量为投行收费 cost）**

|  | 模型 1 | 模型 2 | 模型 3 | 模型 4 | 模型 5 |
|---|---|---|---|---|---|
| Panel A：创业板 | | | | | |
| Pubn | 0.064<br>(1.20) | | | | |
| Amount | | 0.208***<br>(4.01) | | | |
| ms | | | 0.156***<br>(2.96) | | |
| jituan | | | | 0.084<br>(1.58) | |
| level | | | | | 0.131**<br>(2.12) |
| Control | √ | √ | √ | √ | √ |
| Industry | √ | √ | √ | √ | √ |
| year | √ | √ | √ | √ | √ |
| A. $R^2$ | 0.317 | 0.355 | 0.336 | 0.320 | 0.325 |
| Obs | 261 | 261 | 261 | 261 | 261 |
| Panel B：主板 | | | | | |
| pubn | 0.109**<br>(2.51) | | | | |
| am7810 | | 0.059<br>(1.32) | | | |
| ms78 | | | 0.068<br>(1.55) | | |
| jituan | | | | 0.036<br>(0.81) | |
| level | | | | | −0.035<br>(−0.68) |
| Control | √ | √ | √ | √ | √ |
| Industry | √ | √ | √ | √ | √ |

续表

|  | 模型1 | 模型2 | 模型3 | 模型4 | 模型5 |
|---|---|---|---|---|---|
| year | √ | √ | √ | √ | √ |
| A. $R^2$ | 0.532 | 0.526 | 0.527 | 0.524 | 0.524 |
| Obs | 357 | 357 | 357 | 357 | 357 |

注：*、**、***分别表示在10%、5%和1%的置信水平下显著。

将承销及保荐费用的总和并取对数作为被解释变量，分创业板市场和主板市场分别进行回归，在创业板上所有声誉变量的系数为正，表明拥有声誉的投行承销将为投行带来更高的费用收入，其中有三个声誉变量的系数是显著的。而在主板市场的回归检验中，声誉变量的系数符号则有正有负，其中也只有一个变量系数是显著的。

### 5.3.4.2 投行声誉和发行公司募集资金净额

通过前文的分析我们发现，创业板市场投行声誉降低发行公司IPO发行折价率，为发行公司带来更高的IPO发行市盈率，也即更高的筹资金额，但与此同时，有声誉的投资银行也从创业板发行公司收取更高的发行费用，那么，在扣除高额的发行费用后，投行声誉如何影响发行公司的筹资净额呢？也即投行声誉创造的价值是被投行以高额费用的形式获取，还是在投资银行和发行公司中分配，从而达到双赢。从前文的均值差异检验中，我们发现在创业板市场上，五个投行声誉变量中有四个都显著增加发行公司的筹资净额，而主板市场上这一影响只表现在三个投行声誉变量中。进一步，我们通过多元回归分析，考察在考虑了相应的控制变量后投行声誉变量对筹资净额的影响。检验结果见表5-14，此处省略了对控制变量的报告。我们发现，在控制了公司规模等其他变量后，创业板上投行声誉对公司筹资净额（取对数作为被解释变量）的影响，五个变量系数有四个是正的，其中有两个是显著的，表明投行声誉显著提高了公司筹资净额。而主板市场上的变量系数则全是负的，并且都不具有统计上的显著性，表明投行声誉变量并没有显著提高公司筹资净额。

表 5－14　创业板及主板投行声誉对发行公司筹资净额的影响（因变量为筹资净额 fund）

|  | 模型 1 | 模型 2 | 模型 3 | 模型 4 | 模型 5 |
| --- | --- | --- | --- | --- | --- |
| Panel A：创业板 | | | | | |
| pubn | －0.057<br>(－1.11) | | | | |
| Amount | | 0.121** <br>(2.34) | | | |
| ms | | | 0.061<br>(1.16) | | |
| jituan | | | | 0.062<br>(1.18) | |
| level | | | | | 0.125**<br>(2.06) |
| Control | √ | √ | √ | √ | √ |
| Industry | √ | √ | √ | √ | √ |
| year | √ | √ | √ | √ | √ |
| A. $R^2$ | 0.484 | 0.493 | 0.484 | 0.484 | 0.490 |
| Obs | 261 | 261 | 261 | 261 | 261 |
| Panel B：主板 | | | | | |
| pubn | －0.017<br>(－0.44) | | | | |
| Amount | | －0.013<br>(－0.33) | | | |
| ms | | | －0.025<br>(－0.65) | | |
| jituan | | | | －0.010<br>(－0.27) | |
| level | | | | | －0.068<br>(－1.52) |
| Control | √ | √ | √ | √ | √ |
| Industry | √ | √ | √ | √ | √ |

续表

|  | 模型1 | 模型2 | 模型3 | 模型4 | 模型5 |
|---|---|---|---|---|---|
| year | √ | √ | √ | √ | √ |
| A. $R^2$ | 0.785 | 0.784 | 0.785 | 0.784 | 0.786 |
| Obs | 357 | 357 | 357 | 357 | 357 |

注：\*、\*\*、\*\*\*分别表示在10%、5%和1%的置信水平下显著。

### 5.3.5 结论

本章充分利用中国创业板市场制度实施，对IPO市场间信息不对称程度变动实现一个独特的计量识别，实证结果发现投行声誉功能发挥受到IPO市场信息不对称程度的显著影响，在信息不对称程度较高的创业板市场，投行声誉功能显著降低了发行公司的IPO折价率及其波动性，并且投行声誉功能发挥作用的具体机制更多是通过降低高风险发行公司的IPO折价率实现的，投行声誉功能既为投行带来了更高的承销费用及保荐费用，也使发行公司获得了更高的筹资净额。本章为金融市场信息不对称程度增加导致金融机构解决信息问题的功能增强提供了来自中国IPO股票发行市场的实证证据，有助于我们进一步理解金融机构解决信息不对称的声誉机制是如何受到金融市场信息不对称程度影响的，也为如何理解以往关于投行声誉理论研究和实证研究存在结果不一的矛盾提供了一个新的视角，即IPO市场信息不对称程度变动影响投行声誉功能发挥，而以往实证研究选择的IPO市场以及样本期间存在差别，IPO市场信息不对称程度就有可能存在较大差异，因此，IPO市场信息不对称程度较高和较低时投行声誉功能的发挥在实证检验中有可能表现出较大差别。

# 6.

## 市场化改革对投资银行金融功能的影响

### ——基于承销费率的实证

承销保荐业务是中国证券公司[①]的核心业务和重要利润来源，承销市场竞争度高低以及竞争战略对 IPO 承销费率影响直接决定投行战略选择。因此，我们在本章讨论影响投行战略选择的两大问题，第一，IPO 承销市场竞争程度高低如何？我们运用 IPO 承销费率是否充分反映发行公司风险因素对 IPO 承销市场竞争程度进行论证；第二，投行采取何种战略有利于提高其在 IPO 承销市场中的竞争力，也即获得更高的承销费率？本章结构安排如下：首先介绍国际国内的 IPO 承销市场竞争度与费率定价；第二部分讨论中国投行可能选择的战略；主体部分运用数据实证分析 IPO 承销费率的影响因素及投行战略有效性；第四部分给出结论和相关政策建议。

---

[①] 尽管证券公司和投资银行概念不完全等同，本书多数情形下这两个概念以及投行、券商、承销商等通用。

## 6.1 投行 IPO 承销业务：市场竞争度与费率定价

IPO 承销业务是投资银行核心业务之一，也是投资银行重要利润来源。尽管随着金融创新步伐不断加快，国外投资银行的承销保荐业务对主营业务贡献度呈降低趋势。然而承销保荐银行业务对于中国证券公司利润贡献仍然举足轻重。根据中国证券业协会统计，截至 2011 年年底的 109 家证券公司，全年实现营业收入 1 359.50 亿元，其中证券承销保荐以及财务顾问收入 241.38 亿元，是仅次于证券经纪业务的第二大业务收入来源[①]。

### 6.1.1 国际承销市场竞争度与费率定价

最早对投资银行承销费率开展的有影响的研究是陈和里特（Chen and Ritter，2000），他们发现，自 20 世纪 80 年代以来，美国市场中等规模首次公开发行（发行金额在 2 000 万~8 000 万美元之间），呈现越来越明显的承销费率集聚现象，费率集中于 7%。2008 年年底的数据统计表明接近 100% 的中等规模发行承销费率为 7%（Jay Ritter 教授主页数据）。陈和里特（2000）认为是美国投资银行为避免价格战而采取战略定价导致。

汉森（Hansen，2001）认为承销费率集聚现象并不是因为投资银行共谋形成，而是由于投资银行收费不仅限于承销费率，折价率（underpricing）也可看成是投资银行的隐形收费。相比费率没有集聚在 7% 的 IPO 样本，费率集聚的样本表现出更多难以估值的特征，并且折价率也更高。

扬齐维斯特、詹金森和 Jr.威廉（Ljungqvist, Jenkinson and Jr. Wilhelm,

---

① 中国证券业协会网站：http://www.sac.net.cn/。

2003）发现采取累计投票询价（bookbuilding）会导致承销费率和折价率的替代关系，即更高的承销费率会导致更低的折价率。

托尔斯蒂拉（Torstila，2003）发现承销费率集聚现象的普遍存在，并且支持投资银行有效定价不存在共谋的假说。亚太地区（不含中国大陆）IPO承销费率平均为2.5%，其中香港地区有95%的IPO承销费率为固定的2.5%。欧洲市场的IPO承销费率平均为3.8%，北美地区（包括加拿大与美国）IPO承销费率平均7.5%，是所有地区中最高的。国别数据显示，承销费率与Bookbuilding方法使用正相关，使用Bookbuilding会导致该国承销费率水平提高。但是，承销费率和折价率则呈负相关。

亚伯拉罕森、詹金森和琼斯（Abrahamson，Jenkinson and Jones，2011）使用近10多年的美国及欧洲IPO数据，发现美国投行承销费率集聚现象更加严重，并且费率明显高于欧洲，该研究支持了投行共谋假说。

陈、霍和王（Chen，Fok and Wang，2006）发现台湾地区投资银行承销费率平均为0.99%，原因是台湾投资银行独特的承销费率结构，其承销收入相当大部分由认购IPO股份的溢价收入构成。安、金和宋（Ahn，Kim and Son，2007）实证发现韩国投行承销费率的一系列影响因素，如发行规模、市场状况、发行公司业绩和公司治理指标。陈、福弗和杨（Chen，Fauver and Yang，2009）发现美国ADR市场的IPO承销费率可以用一系列公司特征变量及发行特征变量来解释。金、帕利亚和桑德斯（Kim，Palia and Saunders，2010）通过三阶段回归确认承销费率和折价率之间的互补关系，即低质量的发行公司将导致出现更高的承销费率和高折价率。

## 6.1.2 中国IPO承销市场的市场竞争度

目前中国IPO承销保荐市场呈现出由较为集中向充分竞争过渡的现象，以中信证券、中金公司等为代表的券商在该业务领域仍占据较大市场份额，但市场竞争不断加剧。如图6-1所示，按照承销业务量（证券公司承销的IPO发行金额）计算，市场份额占比前五位的券商在承销保荐业务的总市场份额，2009年之前保持在比较稳定的50%左右，而从2010年开始，前5名市场份额下降到40%，与此趋势相类似，前十名市场份额在此期间也从70%左右的水平下降到2011年年底的61.5%。这种竞争态势随着2009年10月创业板市场的设立而加剧。这说明随着企业IPO需求不断增加，证券公司承销市场竞争也日趋激烈。这一点也反映在衡量市场垄断水平的赫芬达尔·赫希曼指数上。从最近5年该指数变化看，在市场集中度最高的2009年，赫芬达尔·赫希曼指数也仅仅为1038，2011年该指数更是达到了5年来的新低，为508.35。这说明我国承销市场竞争度正在不断提高。

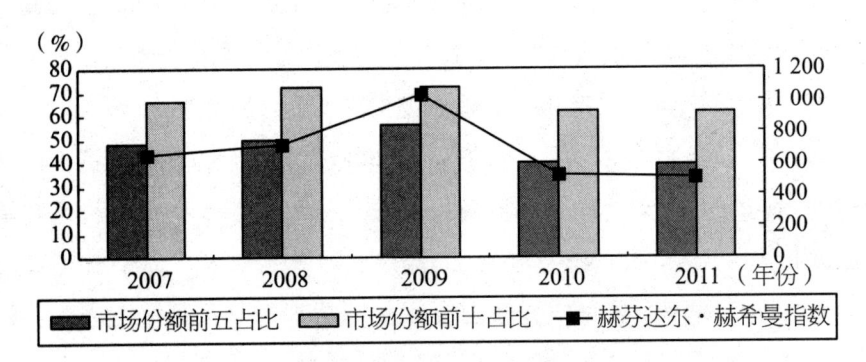

**图6-1 中国证券公司2007~2011年的市场份额变动以及市场竞争程度分析**

数据来源：根据中国证券业协会统计数据经笔者计算得到。

### 6.1.3 中国投行的承销保荐业务定价

我们利用2009年7月IPO重启至2011年11月的首次公开发行数据计算了承销保荐费率，如图6-2所示。中国的IPO市场并没有出现美国市场的承销费率集聚现象，大部分IPO承销保荐费率集中于3%~6%的区间，并且随着IPO规模的增加，承销保荐费率也随之降低，平均的承销保荐费率是5.29%，单从数值上看，这一百分比要高于中国香港地区，也高于欧洲绝大部分国家和地区。可见对于中国的证券公司而言，承销保荐业务确实是利润非常丰厚的业务之一。

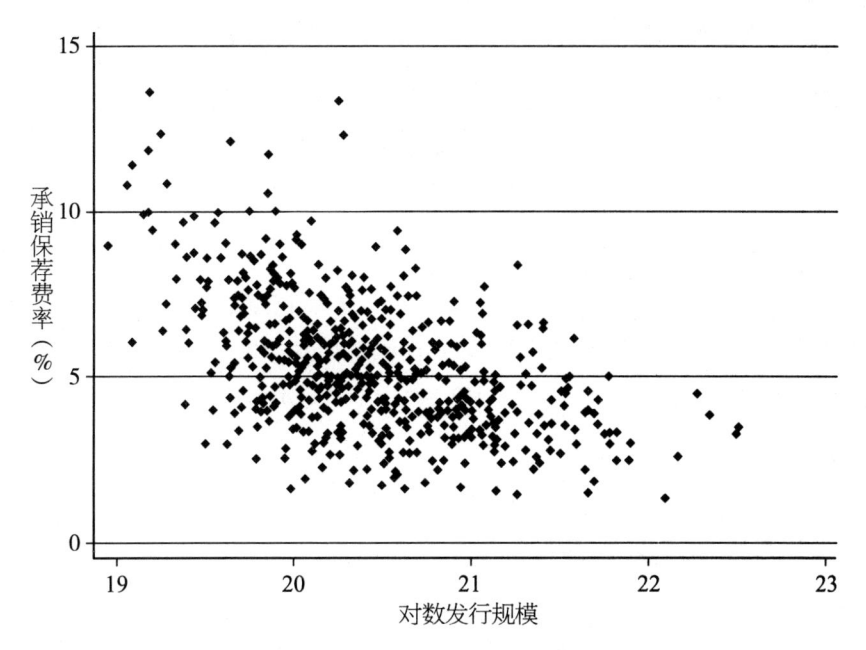

**图 6－2　中国股票市场 IPO 承销保荐费率与发行规模散点**

数据来源：根据国泰安经济金融研究数据库经笔者计算得到。

## 6.2 中国投资银行战略选择分析

### 6.2.1 上市战略

证券公司通过上市可以扩大资本金规模，一方面提高公司抵御风险的能力，另一方面，越来越多的资本市场业务需要证券公司投入自有资金。此外，由于中国上市制度的特殊性，能够成为上市公司标志着该公司在证券行业拥有较强竞争力和影响，拥有健全公司治理和内控制度，拥有良好发展前景和盈利能力。所以成为上市公司也是证券公司强大的无形资本。对于证券公司而言，成为上市公司等于向外界传递了公司实力和竞争力的有利信息。

首次公开发行的承销合同取决于券商和拟发行公司的双向选择，一方面，证券公司在选择拟发行公司时要综合考虑企业的公司治理和盈利可持续性等诸多的因素；另一方面，企业需要借助证券公司实现上市，证券公司的承销保荐水平对于公司的成功发行非常重要，因而企业选择券商的标准之一是本行业较高知名度，作为上市公司的证券公司显然要比非上市公司的券商拥有更高知名度和说服力，而证券公司也有动机利用这一声誉的优势收取更高的费用。基于以上分析，我们预期成为上市公司对于证券公司承销保荐费用具有积极影响。

### 6.2.2 规模战略

企业规模一般与公司经营能力直接相关，对于中国的证券公司而言，具备一定规模更是从事承销保荐业务的先决条件。根据《证券法》的规定：拟申请成为保荐机构注册资本不得低于1亿元，净资本不得低于5 000万元，并且从业人员不少于35人，具备保荐代表人资格的从业人员不少于4人。而对于综合型券商，相应的要求会更高。

券商规模的扩大有两种路径：一是在单一业务线进行纵向的扩展，在人力资本、软硬件设施加大投入，以实现在特定业务领域的竞争力。二是横向的扩展，尽可能多地涉及证券公司经营的业务范围，在保证建立有效内控机制和利益冲突部门的防火墙的前提下，通过建立部门之间的协作以实现成本的降低和信息的共享。第一种发展模式的代表是拉扎德投资银行，该公司致力于兼并收购业务和资产管理业务领域，是相应领域的顶尖的券商代表。第二种发展模式的典范是美林证券（现美银美林），美林证券不但在经纪业务领域的领先优势明显，其公司业务更是涉及几乎所有的业务门类。相比之下，目前我国的证券公司组织模式相对单一，发展趋势都是综合型券商模式，缺少专注于某一领域的证券公司。

券商规模的扩大一方面意味着抵御风险能力的提高，能够享受规模经济带来的好处，另一方面，规模的提高也意味着公司经营能力和综合实力的提高，在同等条件下，大型券商在与拟上市公司进行承销保荐业务的费用谈判具有更大的话语权。所以我们预期券商的规模对于承销保荐费用具有正向影响。

### 6.2.3 金融集团战略

金融集团战略在本研究中特指证券公司依附于国内金融控股公司或者控股股东与实际控制人是全球著名金融机构。相比于独立开展业务的证券公司而言，隶属于金融控股公司的券商一方面可以依靠母公司强大的背景和资源，在争取承销保荐业务上更具竞争优势；另一方面，依托母公司的资源整合优势与雄厚的资本金支持，使得券商在某种程度上获得母公司的"隐性担保"，因而可以获得比同等条件券商更高的声誉。依附于金融控股公司的券商可以从母公司获得更多的人力与资本支持，并通过集团层面的战略规划有效分散风险。因此，我们预期集团战略对于证券公司的承销保荐业务具有积极的促进作用。

### 6.2.4 风险控制战略

风险控制战略对于中国证券公司的重要意义在于，一方面，证券公司作为金融市场的参与者，面临着流动性风险、交易对手违约的信用风险以及相关法律法规出台对公司经营带来的合规风险，以及交易平台、人工失误带来的操作风险等诸多方面的挑战，能够建立起风险管理长效机制，实现对风险管理的动态监控识别的证券公司无疑会在日趋激烈与复杂的竞争中占据优势。另一方面，中国证监会出于审慎监管的需要，每年都会依据《证券公司分类监管规定》对上市公司进行分类，按照证券公司的合规管理和风险控制能力将证券公司分成 A（AAA、AA、A）、B（BBB、BB、B）、C（CCC、CC、C）、D和E五大类11个级别，其主要考量就是证券公司的风险管理与风险控制水平。我们认为，在证监会每年的分类排名中被认定为A类及以上券商的证券公司，其风险管理水平与风险控制能力都较其余资质的券商要高，同所有排名带来的声誉效应一样，A 类及以上券商在承销发行中有获得更高承销费用的筹码。

## 6.3 承销保荐费率影响因素与投行战略有效性的实证分析

### 6.3.1 样本选择

我们选取 2009 至 2011 年在创业板和主板市场首次公开发行的 618 个样本公司开展实证研究，其中主板市场包括期间在上海证券交易所和深圳证券交易所上市的主板与中小板上市公司，主板市场样本期从 2009 年 7 月 10 日，也就是 IPO 重启之日至 2011 年 11 月 25 日，共计 357 个样本；创业板市场的样本期选择为 2009 年 10 月 30 日至 2011 年 11 月 15 日，共计 261 个样本。主板市场与创业板市场的样本期略有差异是因为创业板市场是 2009 年 10 月 30 日正式在深圳证券交易所成立的，另外我国证券业在 2004 至 2006 年实行了针对证券公司违规理财、账外经营、国债回购等风险事项的大规模行业整顿与重组，整顿后，证券业摆脱历史缺陷，开始走向良性发展和有序竞争。因此我们选择证券行业开始规范发展的 2007 至 2008 年作为战略建立期。数据来源于国泰安经济与金融数据库。

### 6.3.2 被解释变量

本章研究主题是不同投行战略对证券公司的承销保荐费率的影响，所以解释变量选择已有文献研究通常采用的承销保荐费率（$rate_i$），以 $spread_i$ 表示承销保荐费用金额，以 $total_i$ 表示首次公开发行的募集资金金额，承销保荐费率的计算公式表示如下：

$$rate_i = \frac{spread_i}{total_i}$$

### 6.3.3 解释变量

#### 6.3.3.1 战略变量

基于前文分析，我们建立券商的战略变量，分别是上市战略、规模战略、集团战略和风险控制战略变量。

第一，上市战略（pub），本研究选取2009年以前（包括2009年10月的招商证券以及2010年2月的华泰证券）上市的证券公司，依据该公司是否是上市公司进行分类，上市承销商取值为1，非上市取值为0。作为上市公司的券商与非上市的券商相比，上市可以为之带来更高的承销保荐费率，可以认为上市战略对于证券公司是合理的战略选择之一。

第二，规模战略，我们选择了两种方式衡量规模战略，分别是根据承销业务量衡量的规模（amount）以及按照承销家数进行衡量的市场份额（ms）。进行区分的原因是，承销业务量是根据承销保荐的上市公司发行股份的总货币金额进行的衡量，而按照承销家数的市场份额则是从参与首次公开发行的次数进行区分，有可能会出现某家证券公司参与的首次公开发行数量较少然而所承销的均是发行规模较大的企业，所以在承销业务量指标上看仍然名列前茅的情况。

股票承销业务量变量（amount），根据中国证券业协会每年对承销商股票承销金额的排名，我们选取提供了排名的2007年、2008年两年的数据。选取每年排名前十的承销商，剔除重复值，我们认为排名前十的承销商拥有规模优势，取值为1；其余的承销商取值为0。

市场份额变量（ms），将2007年、2008年两年A股上市公司的主承销商进行分类汇总，我们认为券商承销数量在所有券商承销数量平均值以上的公司有较大的市场份额，相应的市场份额变量取值为1；其余的承销商取值为0。

第三，集团战略（conglomerate），我们将承销商隶属的集团性质进行了分类：第一类，承销商控股股东为国内著名金融集团，如中信集团、汇金公司、长城、华融等资产管理公司；第二类，承销商控股股东为著名全球金融机构，如高盛、瑞银。我们认为符合这两个标准其中之一的承销商具有集团战略优势，取值为 1，其余为 0。

第四，风险控制战略（level），依据证监会每年根据《证券公司分类监管规定》对证券公司进行的分类，我们认为 A（AAA、AA、A）级别的承销商有更好的风险控制与风险管理能力，取值为 1；A 级别以下承销商取值为 0。

#### 6.3.3.2 发行公司风险变量

根据已有文献，我们选择了发行股本的对数（volume）、公司从成立到发行的年份数（time）、发行公司发行前一年的净资产收益率（roe），以及按照上市首日价格计算的 IPO 折价率（IPO）作为衡量公司风险的变量。我们借鉴徐浩萍和罗炜（2007），以 $P_T$ 表示上市首日的收盘价，$P_t$ 表示招股说明书中的发行价格，IPO 折价率的计算公式如下：

$$IPO = \ln(P_T/P_t)$$

上述指标能够作为发行公司风险代理变量的原因在于：发行规模能够有效衡量发行公司的风险，规模越大的公司其经营的不确定性就越低。从成立到发行前的年份越久，发行前一年的净资产收益率越高，说明公司发展的稳健性与可持续性就越好，公司面临的不确定性相对越少。IPO 首日折价率从本质上反映了投资者与上市公司之间信息不对称程度，首日折价率越高，说明信息不对称越严重，从券商的角度而言，承销的风险也就越高，相应的承销保荐费率也就越高。

我们还在公司风险变量中加入了上市公司是否属于创业板的虚拟变量（cm），创业板上市公司相对于主板上市公司而言门槛更低，经营的风险也更高。

#### 6.3.3.3 控制变量

我们在回归中还控制了以证监会行业分类为标准的行业和年度虚拟变

量。被解释变量与主要解释变量的说明见表6-1。

表6-1　　　　　　　　　　变量说明

| 变量名 | 变量解释 |
| --- | --- |
| 被解释变量 | |
| rate | 首次公开发行的承销保荐费用率 |
| 战略变量 | |
| pub | 虚拟变量，根据2009年前是否上市划分，上市为1，未上市为0 |
| amount | 虚拟变量，根据证券业协会2007年、2008年承销商股票承销业务量进行划分，排名前十为1，其他为0 |
| ms | 虚拟变量，根据2007年、2008年承销商在各板块承销的上市公司家数进行划分，承销家数在均值以上为1，均值以下为0 |
| conglomerate | 虚拟变量，根据主承销商是否隶属著名金融集团进行划分，隶属为1，其他为0 |
| level | 虚拟变量，根据证监会2010年承销商级别排名，A级别及以上为1，A级别以下为0 |
| 公司风险变量 | |
| roe | 发行公司前一年度净资产收益率 |
| volume | 首次发行的股份数 |
| time | 发行公司从成立到发行期间的年份数 |
| IPO | 按照上市首日收盘价计算的折价率 |
| cm | 虚拟变量，属于创业板上市公司赋值为1，主板上市公司赋值为0 |

## 6.3.4　变量描述性统计与相关性分析

表6-2列出了全部样本主要变量的描述性统计。从承销保荐费率看，其均值是5%，而标准差为2%，反映了承销保荐费率的分散度较大。并且，

无论是衡量公司风险的变量还是投行战略变量，其标准差相对于均值而言都较大，反映这些变量的波动性都较大。

表6-2　　　　　　　　　　全样本描述性统计

| | 全部样本 ||||
|---|---|---|---|---|
| | mean | median | sd | N |
| 公司信息 | | | | |
| rate | 0.05 | 0.053 | 0.02 | 610 |
| volume | 8.04 | 7.9 | 0.74 | 610 |
| time | 8.85 | 8.8 | 4.43 | 610 |
| roe | 27.05 | 25.78 | 9.58 | 610 |
| gross spread | 4 454.67 | 3 600 | 3 173.59 | 610 |
| 战略变量 | | | | |
| pub | 0.49 | 0 | 0.5 | 610 |
| amount | 0.52 | 1 | 0.5 | 610 |
| ms | 0.5 | 1 | 0.5 | 610 |
| conglomerate | 0.57 | 1 | 0.5 | 610 |
| level | 0.75 | 1 | 0.44 | 610 |

为避免可能的多重共线性问题，我们对主要解释变量进行了 Pearson 相关性检验，如表6-3所示，可以看出，我们所选取的战略变量表现出较高的相关性，所有的五项战略指标均在1%的显著性水平下显著，并且可以看到承销业务量与承销份额变量之间的相关性达到了0.833，因此在回归中同时加入多个战略变量会带来较为严重的共线性问题，对此我们采取逐项回归的方法，将战略变量逐一加入到回归方程中，以减少共线性的问题，同时我们也使用了方差膨胀因子（VIF）检验多重共线性的问题，检验结果表明共线性问题在我们的回归方程中并不显著。

## 6. 市场化改革对投资银行金融功能的影响

表6-3 主要解释变量的相关性检验

| | IPO | volume | time | roe | pub | amount | ms | conglomerate | level |
|---|---|---|---|---|---|---|---|---|---|
| IPO | 1 | | | | | | | | |
| volume | -0.120*** | 1 | | | | | | | |
| time | -0.025 | -0.043 | 1 | | | | | | |
| roe | -0.180*** | -0.165*** | -0.046 | 1 | | | | | |
| pub | -0.054 | -0.045 | 0.027 | 0.026 | 1 | | | | |
| amount | -0.046 | 0.108*** | 0.008 | 0.038 | 0.404*** | 1 | | | |
| ms | -0.046 | 0.034 | 0.026 | 0.034 | 0.571*** | 0.833*** | 1 | | |
| conglomerate | -0.047 | 0.086** | 0.019 | 0.042 | 0.330*** | 0.375*** | 0.343*** | 1 | |
| level | -0.065 | 0.078* | 0.021 | 0.139*** | 0.311*** | 0.579*** | 0.557*** | 0.258*** | 1 |

注：*** 表示在1%的置信水平下显著，** 表示在5%的置信水平下显著，* 表示在10%的置信水平下显著。

### 6.3.5 实证回归结果

为进一步检验不同战略对于证券公司承销保荐费率的影响，以及证券公司的承销保荐费率是否反映了公司层面的风险，我们构建了以承销保荐费率（rate）为被解释变量，分别以战略变量与公司风险变量为解释变量进行回归，回归方程如下：

$$\text{rate}_i = a_i + \beta_1 * Strategy_i + \sum \beta_i * Company_i + \varepsilon_i$$

其中 $\text{rate}_i$ 是承销保荐费率，$Strategy_i$ 分别表示上市战略、规模战略、集团战略以及风险控制战略指标，$Company_i$ 表示公司成立年限、发行规模、净资产收益率以及 IPO 折价等公司风险变量，同时我们也控制了年度与行业变量，$\varepsilon$ 表示随机项。得到的回归结果如表 6-4 所示。

**表 6-4　风险因素及投行战略对承销保荐费率的影响**

|  | (1) Model1 | (2) Model2 | (3) Model3 | (4) Model4 | (5) Model5 |
| --- | --- | --- | --- | --- | --- |
| Pubn | 0.00537*** (4.20) | | | | |
| am7810 | | 0.00336** (2.58) | | | |
| ms78 | | | 0.00395** (3.04) | | |
| Jituan | | | | 0.00154 (1.17) | |
| Level | | | | | 0.00144 (0.95) |
| volume | -0.0112*** (-10.99) | -0.0117*** (-11.38) | -0.0115*** (-11.21) | -0.0116*** (-11.21) | -0.0116*** (-11.19) |
| time | 0.0000811 | 0.0000963 | 0.0000892 | 0.0000976 | 0.0000975 |

续表

|  | (1)<br>Model1 | (2)<br>Model2 | (3)<br>Model3 | (4)<br>Model4 | (5)<br>Model5 |
|---|---|---|---|---|---|
|  | (0.55) | (0.65) | (0.61) | (0.66) | (0.66) |
| roe | -0.000273*** | -0.000276*** | -0.000274*** | -0.000273*** | -0.000277*** |
|  | (-3.92) | (-3.92) | (-3.90) | (-3.86) | (-3.89) |
| ipo | 0.0161*** | 0.0154*** | 0.0156*** | 0.0153*** | 0.0154*** |
|  | (5.93) | (5.65) | (5.73) | (5.57) | (5.59) |
| cm | 0.00404** | 0.00390* | 0.00421** | 0.00385* | 0.00377* |
|  | (2.61) | (2.50) | (2.69) | (2.46) | (2.41) |
| _cons | 0.169*** | 0.170*** | 0.167*** | 0.172*** | 0.171*** |
|  | (9.05) | (9.04) | (8.88) | (9.09) | (9.02) |
| 行业 | √ | √ | √ | √ | √ |
| 年份 | √ | √ | √ | √ | √ |
| Adjusted $R^2$ | 0.408 | 0.398 | 0.400 | 0.392 | 0.392 |
| N | 610 | 610 | 610 | 610 | 610 |

注：*** 表示在1%的置信水平下显著，** 表示在5%的置信水平下显著，* 表示在10%的置信水平下显著。

在五个回归方程得到的结果中，三项投行战略指标系数是显著的，衡量券商上市战略的上市指标在1%的显著性水平下显著，符号也与我们的预期一致，上市券商与非上市券商相比平均能够多获得约5‰的承销保荐费。另外，我们用以表示规模战略的两个指标：承销业务量指标与市场份额指标也分别在5%的显著性水平下显著。说明大规模券商平均能够比小规模券商多获得约3‰承销保荐费。衡量券商集团战略的集团指标与衡量风险管理与风险控制的证监会分类指标回归系数较小，约是前面三个回归系数的1/3，并且不显著。说明对于券商而言，隶属于金融控股公司并没有为承销保荐业务带来更高的承销保荐费率。风险控制能力高的券商平均来看也没有取得更高的承销保荐率。

值得注意的是，上述回归结果不仅统计上是显著的，同时也具有较强的经济学含义。我们研究涉及的样本公司首次公开发行平均募集资金为102 582.1

万元，那么对于上市的券商而言，平均要比非上市券商多获得 550.87 万元承销保荐费用，从货币资金的绝对数额上看非常可观，具有经济意义上的显著性。

券商收取的承销保荐费是否能反映发行公司风险因素？从实证结果看，发行规模的系数在 1% 的显著性水平下显著，并且系数为负，说明发行规模越大的 IPO 项目券商收取的承销保荐费率越低，原因是规模越大，其持续经营能力和抵御经济波动的能力就越强，因而风险就越低。上市前一年的净资产收益率对于承销保荐费率也有显著负向影响，因为净资产收益率高说明企业的盈利能力较好，现金流充裕，因而相应的风险也就更低。IPO 折价率的系数显著为正，并且系数较大，这也说明对于信息不对称越严重的公司，券商会收取更高的承销保荐费用。我们加入的是否在创业板上市的虚拟变量也说明券商对于风险相对更高的创业板市场发行公司收取了更高的承销保荐费。总体上看，券商收取的承销保荐费率能够反映企业风险因素。

# 6.4

# 初 步 结 论

（1）承销保荐费率充分反映发行公司风险，表明中国 IPO 承销市场竞争度较高。

我们以公司的发行规模、成立年限、发行前一年的净资产收益率、IPO 折价率和是否在创业板上市作为衡量公司风险因素的代理变量，得到的结果是对于风险越高的企业，券商收取的承销保荐费率也就越高，说明证券公司能够有效地识别不同类型公司的风险因素，并根据风险高低收取不同的费用。这也说明，因为券商对所提供的服务收取的价格已经充分反映了风险因素，证券公司 IPO 承销保荐业务的定价是市场化的，而不是由非市场的因素所决定。正是由于 IPO 承销市场竞争度较高，证券公司选择正确战略更具有较强的现实意义。

(2)投行战略选择的有效性。

本章实证结果也显示,上市证券公司平均要获得比非上市证券公司更高的承销保荐费率,并且承销规模越大的券商获得的承销保荐费率也更高,不论是以承销业务量还是以市场份额来衡量的结果都是如此。而是否依附于金融控股公司或者金融集团以及以风险控制能力为基础的证券公司分类对于承销保荐费率并无显著影响。

因此,证券公司为获得更高的承销保荐费率较为可行的两种战略是寻求上市以及扩大承销规模,两者在某种意义上也是相辅相成的,成为上市公司对于券商而言意味着更方便的融资渠道和更高的公司知名度,而这也有利于承销规模的扩大。当然,由于我们考察的是证券公司的承销保荐这一特定业务,金融集团战略与风险控制战略在该业务领域没有发挥显著作用并不能就此否定该战略在其他业务领域的有效性。

# 参考文献

### 一、中文部分

博迪、默顿和克利顿著,曹辉、曹音译:《金融学》(第二版),中国人民大学出版社 2009 年版。

曹兴、李佳:《高科技企业发展特征、影响因素及其环境分析》,载《中国软科学》2003 年第 7 期。

陈冬华、章铁生、李翔:《法律环境、政府管制与隐性契约》,载《经济研究》2008 年第 3 期。

陈海明、李东:《我国新股发行与上市时间间隔假说实证研究——兼议新股发行与上市联动机制》,载《当代财经》2003 年第 12 期。

郭泓、赵震宇:《承销商声誉对 IPO 公司定价、初始和长期回报影响实证研究》,载《管理世界》2006 年第 3 期。

郭海星、万迪昉、吴祖光:《承销商值得信任吗——来自创业板的数据》,载《南开管理评论》2011 年第 3 期。

侯晓红、干巧:《我国上市公司研发费用披露现状分析及对策》,载《工业技术经济》2009 年第 2 期。

黄春铃、陈峥嵘:《IPO 市场承销商声誉机制的形成机理及实证研究》,载《证券市场导报》2007 年第 2 期。

金晓斌、吴淑琨、陈代云:《投资银行声誉、IPO 质量分布与发行制度创新》,载《深圳证券交易所研究报告》2003 年。

约翰·科菲著,黄辉、王长河等译:《看门人机制:市场中介与公司治理》,北京大学出版社 2011 年版。

宋军、吴冲锋:《国际投资者对中国股票资产的价值偏好:来自 A – H

股和A-B股折扣率的证据》,载《金融研究》2008年第3期。

田嘉、占卫华:《投资银行声誉与IPO定价偏低关系的实证研究》,载《中国社会科学院研究生学报》2000年第4期。

王霞、徐晓东、王宸:《承销商声誉、收益与创业板公司资金超募》,载《华东师范大学学报》(哲学社会科学版)2011年第3期。

吴晓求等著:《中国证券公司:现状与未来》,中国人民大学出版社2012年版。

徐浩萍、罗炜:《投资银行声誉机制有效性》,载《经济研究》2007年第2期。

俞颖:《主承销商声誉与IPO抑价关系的实证研究》,载《西安电子科技大学学报》(社会科学版)2005年第1期。

张亦春、洪图:《创业板IPO市盈率与超募率的影响因素研究》,载《厦门大学学报》(哲学社会科学版)2012年第3期。

二、英文部分

Aggarwal, R., Prabhala, N. R., Puri, M., (2002), "Institutional Allocation in Initial Public Offerings: Empirical Evidence", Journal of Finance 57, 1421-1442.

Asker, John & Alexander Ljungqvist, (2010), "Competition and the Structure of Vertical Relationships in Capital Markets", Journal of Political Economy 118: 599-647.

Booth, J. R., Smith, R. L., (1986), "Capital raising, Underwriting and the Certification Hypothesis", *Journal of Financial Economics* 15, 261-281.

Carosso, V. P. (1970). Investment Banking in America: A History. Cambridge, MA: Harvard University Press.

Carter, Richard & Steven Manaster, (1990), "Initial Public Offerings and Underwriter Reputation", *Journal of Finance* 45, 1045-1068.

Carter, Richard, B., Frederick H. Dark, AjaiK. Singh, (1998), "Underwriter Reputation, Initial Return and Long-Run Performance of IPO Stocks", *Journal of Finance* 53, 285-311.

Chaplinsky, Susan & Gayle R. Erwin, (2009), "Great Expectations: Banks as Equity Underwriters", Journal of Banking & Finance 33: 380 - 389.

Chemmanur, T. & P. Fulghieri, (1994), "Investment Bank Reputation, Information Production, and Financial Intermediation", *Journal of Finance* 49, 57 - 79.

Cliff, Michael T. & David J. Denis, (2004), "Do IPO Firms Purchase Analyst Coverage with Underpricing?" Journal of Finance 59, 2871 - 2901.

Cook, Douglas O. and Robert Kieschnick, and Robert A. Van Ness, (2006), "On the Marketing of IPOs", Journal of Financial Economics 82: 35 - 61.

Cooney, John W. Jr., Ajai K. Singh, Richard B. Carter & Frederick H. Dark, (2001), "IPO Initial Returns and Underwriter Reputation: Has the Inverse Relationship Flipped in the 1990s?" Unpublished working paper, University of Kentucky.

Cornelli, F., Goldreich, D., (2001), "Bookbuilding and Strategic Allocation", Journal of Finance 56, 2337 - 2369.

Cornelli, F., Goldreich, D., (2003), "Bookbuilding: How Informative is the Order Book?" Journal of Finance 58, 1415 - 1443.

Djankov, S., E. Glaeser, R. La Porta, F. Lopez-de-Silanes, and A. Shleifer, (2003), "The New Comparative Economics", Journal of Comparative Economics 31: 595 - 619.

Du, Julan, and Chenggang Xu, (2009), "Which Firms went Public in China? A Study of Financial Market Regulation", World Development 37: 812 - 824.

Duarte-Silva, Tiago, (2010), "The Market for Certification by External Parties: Evidence from Underwriting and Banking Relationships", Journal of Financial Economics 98: 568 - 582.

Fang, Lily & Ayako Yasuda, (2009), "The Effectiveness of Reputation as a Disciplinary Mechanism in Sell-side Research." Review of Financial Studies 22, 3735 - 3777.

Fernando, C. S. , Anthony D. May & William L. Megginson, (2012), "The Value of Investment Banking Relationships: Evidence from the Collapse of Lehman Brothers", Journal of Finance 67: 235 – 270.

Fernando, C. S. , Gatchev, V. A. , Spindt, P. A. , (2005), "Wanna dance? How Firms and Underwriters Choose Each Other", *Journal of Finance* 60, 2437 – 2469.

Gao, Xiaohui, Jay R. Ritter & Zhongyan Zhu, (2011), "Where Have All the IPOs Gone?" Unpublished University of Hong Kong Working Paper.

Goldstein, Michael A. , Paul Irvine & Andy Puckett, (2011), "Purchasing IPOs with Commissions", Journal of Financial and Quantitative Analysis 46: 1193 – 1225.

Gorton Gary, (2009), "The Subprime Panic", *European Financial Management*, (15) 1 (January), 10 – 46.

Griffin, John M. , Jeffrey H. Harris & Selim Topaloglu, (2007), "Why are IPO Investors Net Buyers Through Lead Underwriters?", Journal of Financial Economics 85: 518 – 551.

Grossman & J. E. Stiglitz. (1976) "Information and Competitive Price Systems", *American Economic Review* 66: 246 – 253.

Habib, M. A. , Ljungqvist, A. , (2001), "Underpricing and Entrepreneurial Wealth Losses in IPOs: Theory and Evidence", *Review of Financial Studies* 14, 433 – 458.

Hanley, Kathleen W. & Gerard Hoberg, (2010), "The Information Content of IPO Prospectuses." Review of Financial Studies 23: 2821 – 2864.

Hao, Grace Qing, (2007), "Laddering in Initial Public Offerings", Journal of Financial Economics 85: 102 – 122.

Ibbotson, R. G. , Jaffe, J. F. , (1975), "Hot Issue" Markets. Journal of Finance 30: 1027 – 1042.

Ince, Ozgur, (2010), "Why Do IPO Offer Prices Only Partially Adjust?" Unpublished Virginia Tech Working Paper.

Jenkinson, Tim J. & Howard Jones, (2009), "Competitive IPOs." European Financial Management 15: 733 – 756.

H. E. Leland & D. H. Pyle, (1977), "Informational Asymmetries, Financial Structure, and Financial Intermediation", *Journal of Finance*, 32 – 2: 371 – 387.

Jia, Ning & Haiyan Zhang, (2010), "Impact of Government Ownership on Investment Banks' Underwriting Performance: Evidence from China", Asia-Pacific Journal of Financial Studies 39: 198 – 228.

K. Chen, Shaw, Xuanjuan Chen, Bing-Xuan Lin & Rongsa Zhong, (2005), "The Impact of Government Regulation and Ownership on the Performance of Securities Companies: Evidences from China", Global Finance Journal 16: 113 – 124.

Kim, Dongcheol, Darius Palia & Anthony Saunders, (2010), "Are Initial Returns and Underwriter Spreads in Equity Issues Complements or Substitutes?" Financial Management 39: 1403 – 1423.

Kovner, Anna, (2012), "Do Investment Banks Matter? The Impact of the Near Loss of An Equity Underwriter", Journal of Financial Intermediation 21: 507 – 529.

Li, X., Masulis, R., (2003), "Venture Capital Investments by IPO Underwriters: Certification or Conflict of Interest?" Working Paper, Vanderbilt University.

Liu, Xiaoding & Jay R. Ritter, (2010), "The Economic Consequences of IPO Spinning." Review of Financial Studies 23: 2024 – 2059.

Liu, Xiaoding & Jay R. Ritter, (2011), "Local Underwriter Oligopolies and IPO Underpricing", Journal of Financial Economics 102: 579 – 601.

La Porta, R. and F. Lopez-De-Silanes, and A. Shleifer, (2006), "What Works in Securities Laws?", Journal of Finance 61: 1 – 32.

Ljungqvist, Alexander, Felicia Marston & Jr. William J. Wilhelm, (2006), "Competing for Securities Underwriting Mandates: Banking Relationships and Analyst Recommendations", The Journal of Finance 61: 301 – 340.

Ljungqvist, Alexander, Felicia Marston & Jr. William J. Wilhelm, (2009), "Scaling the Hierarchy: How and Why Investment Banks Compete for Syndicate Co-management Appointments", The Review of Financial Studies 22: 3977 - 4007.

Ljungqvist, Alexander & Jr. William J. Wilhelm, (2003), "IPO Pricing in the Dot-Com Bubble", The Journal of Finance 58: 723 - 752.

Ljungqvist, Alexander & Jr. William J. Wilhelm, (2005), "Does Prospect Theory Explain IPO Market Behavior?", The Journal of Finance 60: 1759 - 1790.

Ljungqvist, Alexander, Vikram Nanda & Rajdeep Singh, (2006), "Hot Markets, Investor Sentiment, and IPO Pricing", Journal of Business 79: 1667 - 1702.

Ljungqvist, Alexander, (2007), "IPO Underpricing." Chapter 7 in B. Espen Eckbo (editor) Handbook of Corporate Finance: Empirical Corporate Finance Amsterdam: North-Holland.

Ljungqvist, A., Wilhelm, W. J., (2002), "IPO Allocations: Discriminatory or Discretionary?" Journal of Financial Economics 65: 167 - 201.

Logue, D., (1973), "Premia on Unseasoned Equity Issues, 1965 - 69", Journal of Economics and Business 25: 133 - 141.

Logue, Dennis E., Richard J. Rogalski, James K. Seward & Lynn Foster-Johnson, (2002), "What is Special about the Roles of Underwriter Reputation and Market Activities in Initial Public Offerings?", Journal of Business 75: 213 - 243.

Loughran, T., Ritter, J. R., (2002), "Why Don't Issuers Get Upset about Leaving Money on the Table in IPOs?" Review of Financial Studies 15: 413 - 443.

Loughran, T., Ritter, J. R., (2004), "Why Has IPO Underpricing Increased over Time?" Financial Management 33: 5 - 37.

Martin, Jens, (2010), "Prop Ups During Lockups." Unpublished University of Amsterdam Working Paper.

Michaely Roni & Wayne H. Shaw, (1994), "The Pricing of Initial Public

Offerings: Tests of the Adverse Selection and Signaling Theories", *Review of Financial Studies* 7: 279 - 320.

Mishikin, Frederic S., (2012), Economics of Money, Banking, and Financial Markets, 10th edition, Prentice Hall.

A. D. Morrison and W. J. Wilhelm, Jr., (2007), Investment Banking: Institutions, Politics and Law, Oxford: Oxford University Press.

Nimalendran M., Jay R. Ritter & Donghang Zhang, (2007), "Do Today's Trades Affect Tomorrow's IPO Allocation?" Journal of Financial Economics 84: 87 - 109.

Reuter, Jonathan, (2006), "Are IPO Allocations for Sale? Evidence from Mutual Funds," *Journal of Finance* 61: 2289 - 2324.

Ritter Jay. R., (2011), "Equilibrium in the Initial Public Offerings Market", *Annual Review of Financial Economics*, Vol. 3: 347 - 374.

Schenone, C., (2004), "The Effect of Banking Relationships on the Firm's IPO Underpricing", Journal of Finance 59: 2903 - 2958.

Sherman, A., Titman, S., (2002), "Building the IPO Order Book: Underpricing and Participation Limits with Costly Information". Journal of Financial Economics 65: 3 - 29.

Shleifer, A., (2005), "Understanding Regulation", European Financial Management 11: 439 - 451.

Spindler, James C., (2006), "Conflict or Credibility: Research Analyst Conflicts of Interest and the Market for Underwriting Business", Journal of Legal Studies 35: 303 - 325.

Tian, Lihui, (2011), "Regulatory Underpricing: Determinants of Chinese Extreme IPO Returns", Journal of Empirical Finance 18: 78 - 90.

Xavier Freixas & Jean-Charles Rochet, (2008), Microeconomics of Banking, 2nd Edition, the MIT Press.

# 后　　记

　　本书的最初写作设想起因于笔者参加的中国人民大学金融与证券研究所的年度研究报告写作讨论会。吴晓求教授领导的中国人民大学金融与证券研究所每年就资本市场的热点问题展开深入的理论探讨，并形成中国资本市场论坛年会研究报告。2008年的年会主题报告是研究美国金融危机，在吴晓求教授指导下，当年笔者和郑志刚教授合作完成了其中的一章，探讨美国投资银行激励机制和风险约束的均衡，由此开启了笔者对投资银行这一现代金融体系中至关重要的金融机构的研究和思考。随后和郑志刚教授、林玲及李莹洁同学合作开展的对美国投资银行的研究也对本书写作产生了重要影响。2011年的年会主题报告是"中国创业板市场"，笔者承担其中一章的写作任务，在写作过程中发现了中国创业板市场中的很多异常行为，例如突击入股等都和中国证券公司的行为有关。当时就产生了这样的疑惑，在中国上市公司种种遭人诟病的公司行为中，中国的证券公司或投资银行扮演了什么样的角色？巧合的是，2012年中国资本市场论坛年会研究报告主题就是"中国证券公司"，笔者承担了其中的一章"中国证券公司功能分析"，在这个研究中实证发现了中国证券公司在主板市场和创业板市场的功能差异。笔者在随后的研究中形成了一篇工作论文"信息不对称程度增加是否有助于投行声誉功能发挥？"，该文分别被2012年的"中国青年经济学者论坛"（南开大学）、"中国金融研究论坛"（复旦大学）和"中国金融学年会"（浙江工商大学）接受参加研讨，并受到诸多专家学者的批评指正。本书正是在上述思考和研究的基础上完成的。

　　本书的完成直接受到了中国人民大学吴晓求教授的诸多指导，同时也得到中国人民大学郑志刚教授和美国南加州马歇尔商学院汪勇祥助教授的诸多指导和帮助。中国人民大学财政金融学院的刘洋博士以及蒋庆欣和李星汉同学也为本书的写作提供了丰富的资料准备和出色的研究助理工作,在此一并表示诚挚的感谢!

  由于教学安排,在本书写作过程中,笔者经常往返于中国人民大学北京的本部校区和苏州校区,尤其要感谢中国人民大学财政金融学院院领导和中国人民大学苏州校区领导给予的大力指导和帮助!

许荣

2013 年 2 月